実務から学ぶ
会計のトレンド

日本公認会計士協会東海会 [編]

中央経済社

執筆者一覧 （執筆順）

野口　晃弘	（名古屋大学大学院経済学研究科教授）	第1章
淺井　孝孔	（日本公認会計士協会東海会・公認会計士）	第2章
加藤　幸平	（日本公認会計士協会東海会・公認会計士）	第3章
伊藤　孝次	（日本公認会計士協会東海会・公認会計士）	第4章
小川　薫	（日本公認会計士協会東海会・公認会計士）	第5章
増見　彰則	（日本公認会計士協会東海会・公認会計士）	第6章
越智　智子	（日本公認会計士協会東海会・公認会計士）	第7章
水谷　彰	（日本公認会計士協会東海会・公認会計士）	第8章
澁谷　英司	（日本公認会計士協会東海会・公認会計士）	第9章
大国　光大	（日本公認会計士協会東海会・公認会計士）	第10章
林　克則	（日本公認会計士協会東海会・公認会計士）	第11章
神谷　真沙人	（日本公認会計士協会東海会・公認会計士）	第12章

はしがき

　本書は，名古屋大学で開講されている財務会計実務という講義の内容に基づいて執筆された教科書である。科目名に「実務」という表現がとられていることから明らかなように，従来から開講されてきた財務会計とは異なり，会計基準の理論的・学術的な解説ではなく，会計実務の現場から得られた知見を，その息吹と共に講義室に持ち込みたいという思い入れから生まれた講義である。

　この思いを実現するためには，日々現場で実務に携わっている現役の公認会計士の方が，講義の担当者として不可欠であった。加えて，それぞれの専門分野で第一線に立っていることが講師の条件となるため，講義のテーマごとに最適な担当者を確保しなければならないというハードルの高いものでもあった。そのため，この講義の開講には，日本公認会計士協会東海会による組織的な取組みが必要とされたのである。

　中部地区の場合，公認会計士と大学教員との継続的な接点が，学会の場に設けられていた。日本会計研究学会中部部会では，年末に開催される部会で，日本公認会計士協会東海会より報告者を招聘し，統一論題報告あるいは実務講演をお願いしている。それに付随する懇親会は，公認会計士と大学教員とが気軽にコミュニケーションを図ることができる機会となっており，財務会計実務という講義の企画も，数年前のそのような場が糸口となった。現在の日本公認会計士協会東海会会計業務委員会の澁谷英司委員長との出会いも2013年の第132回中部部会まで遡ることができる。

　その後，日本公認会計士協会東海会に柴田和範会長が就任した時点で，講義の開設が新聞報道された。そこでは，講義を通じて「会計士の魅力を伝えたい」という思いが語られている（中日新聞2016年6月14日朝刊24頁）。この講義は名古屋大学大学院経済学研究科および経済学部の開講科目ではあるが，愛知学長懇話会の開放科目となっており，科目の性格上，厳しい受講制限が課されているものの，県内にある他大学の学生にも開放されており，地域全体の共有財産として育てるための工夫がなされている。そして，初年度から，名古屋大学以外

の大学に在籍する学生の履修実績も生まれた。

　財務会計実務は「会計実務の現場から得られた知見とその息吹」を伝えるための科目であるため，従来の「会計基準の理論的・学術的な解説」とは異なる内容となっている。大学教員が担当するのは，①講義概要の説明，②講義の総括，③情報化が将来の財務報告に及ぼす可能性，という3回の講義に限定し，それ以外の講義では，そのテーマについて実務経験豊富な公認会計士が担当することとした。なお，本書では，修正国際基準に関する1回分の講義内容を，IFRSへの収斂，金融商品，M&Aの中でとり上げたため，13章立てではなく，12の章で記述されている。

　講義内容の検討には1年以上の期間と，講義担当者と大学教員が顔を合わせた全体としての研究会2回，そのための事前の打合会3回，さらに講義担当者のグループ毎の研究会など，通常の講義の何倍もの時間と手間をかけて準備を進めた。講義の配付資料およびプレゼンテーション・ファイルについても，すべて事前に目を通し，意見交換を行った。現代の会計実務に大きな影響を及ぼしている源が，1つはIFRSへのコンバージェンスに代表される国際化であり，もう1つが「クラウド・コンピューティング」「ビッグ・データ」「ブロックチェーン」などのキーワードで語られる情報化や「統合報告」に代表される報告内容の多様化である。そのような理解に基づき，本書でとり上げた内容は選定されている。

　本書の構成であるが，Part 1は，これからの財務報告実務の潮流に関する内容として，ブロックチェーン，情報技術などのIT関連のもの，統合報告やキャッシュ・マネジメント，そして会計政治戦略など，会計の複雑化に関連するものをとり上げている。そしてPart 2では会計基準のグローバル化が実務にどのようなインパクトを与えたかを浮き彫りにするための各論が示されている。

　本書は財務会計実務の講義ノートを基に執筆されているため，「会計基準の理論的・学術的な解説」については学習済みであることを前提に著されている。そのため，論点としてとり上げる際に最低限必要となる会計基準の引用はあっても，いわゆる教科書的な説明は省略されている。会計基準に関する基礎知識を必要としている読者は，桜井久勝著『財務会計講義』（中央経済社），桜井久勝・

須田一幸著『財務会計・入門』（有斐閣アルマ），伊藤邦雄著『新・現代会計入門』（日本経済新聞出版社），あるいは新井清光・川村義則著『新版現代会計学』（中央経済社）などを参照されたい。

　また，本書は実務の手引書でもないため，設例は論点を浮き彫りにするために加工されており，複雑な要素を省略していたり，極端な条件設定となっていたりするなど，実務そのもの，あるいは実在する事例とは異なっている。

　なお，私を除く著者は日本公認会計士協会東海会所属の公認会計士であり，その多くが監査法人に所属しているものの，本書における記述内容は，あくまでも執筆者それぞれの私見を述べたものであって，日本公認会計士協会東海会や所属する監査法人等の公式見解ではない。

　講義ノートから本書にまとめ上げるまでには，講義の立ち上げに要したエネルギーに匹敵する労力を費やしている。中央経済社学術書編集部の田邉一正編集長には，本書の企画段階からどっぷりとかかわっていただき，隅々まで目を配っていただいた。日本公認会計士協会東海会会計業務委員会の澁谷英司委員長には，各執筆担当者との橋渡しも含め，とことんお付き合いいただいた。著者となった公認会計士の方々には，講義に加え，原稿執筆というご負担をおかけした。皆様に厚くお礼を申し上げる。

　2019年2月

野口　晃弘

目 次

はしがき 1

Part1 これからの財務報告実務

第1章 ブロックチェーンと簿記 … 3

1 はじめに 3
2 ビットコインの記録システム 4
3 ブロックチェーンと会計情報システムの連携の可能性 6
4 おわりに 7

第2章 情報技術と会計 … 9

1 はじめに 9
2 情報技術の進展が会計実務に与える影響 10
3 会計人材に求められるスキルの変化 20
4 最近のITトピックス 21
5 おわりに 23

第3章 統合報告 … 25

1 はじめに 25
2 どのような経緯で「統合報告」という概念ができたのか 26

3　IIRCの国際統合報告フレームワーク　30
　　4　統合報告に取り組む目的とメリット　32
　　5　統合報告をめぐる国内外の動向　33
　　6　おわりに　37

第4章　キャッシュ・マネジメント　39

　　1　はじめに　39
　　2　キャッシュ・フロー計算書の読み取りの重要性　40
　　3　キャッシュ・フロー計算書の表示　42
　　4　資金繰り表の作成と目的　54
　　5　おわりに　58

第5章　IFRSへの収斂　59

　　1　はじめに　59
　　2　IFRS開発の経緯と欧州におけるIFRS導入　60
　　3　米国の動き　65
　　4　日本の動き　69
　　5　金融危機とその後の情勢の変化　74
　　6　おわりに　75

Part2 グローバル化した会計基準

第6章 公正価値測定 ……………………………………… 81

1 はじめに　*81*
2 公正価値評価に関する会計基準の動向　*82*
3 公正価値評価の事例　*89*
4 公正価値評価に関する開示の役割　*95*
5 おわりに　*99*

第7章 金融商品 ……………………………………………… 101

1 はじめに　*101*
2 有価証券　*102*
3 債　権　*106*
4 デリバティブの評価　*112*
5 おわりに　*119*

第8章 M&A ………………………………………………… 121

1 はじめに　*121*
2 基準設定に至る経緯　*121*
3 識別可能資産および負債　*127*
4 デュー・デリジェンスの実務　*132*
5 おわりに　*138*

第9章 収益認識 ……………………………………………………………… 139

1 はじめに　*139*

2 収益認識の5つのステップ　*140*

3 契約を識別（ステップ1）　*142*

4 履行義務を識別（ステップ2）　*145*

5 取引価格を算定（ステップ3）　*148*

6 履行義務に取引価格を配分（ステップ4）　*152*

7 履行義務の充足時に収益認識（ステップ5）　*153*

8 おわりに　*160*

第10章 リース ……………………………………………………………… 161

1 はじめに　*161*

2 基準設定に至る経緯　*162*

3 日本における実務の特徴　*165*

4 原則主義の課題　*169*

5 おわりに　*170*

第11章 株式報酬と退職給付 ……………………………………………… 173

1 はじめに　*173*

2 ストック・オプション等に関する会計基準の概要　*174*

3 役員退職慰労金と株式報酬型ストック・オプション　*176*

4 有償新株予約権（有償ストック・オプション）　*177*

5 退職給付債務に関する会計処理の概要　*179*

6 マイナス金利の影響　*183*

7 おわりに　*186*

第12章 税効果 ································*189*

1 はじめに　*189*
2 税効果会計の概要　*189*
3 税効果の対象となる一般的な一時差異等　*191*
4 繰延税金資産の回収可能性に関する会計基準における取扱い　*197*
5 繰延税金資産の回収可能性の判定に係る実務上の着眼点　*199*
6 おわりに　*207*

Part 1

これからの財務報告実務

第 1 章／ブロックチェーンと簿記
第 2 章／情報技術と会計
第 3 章／統合報告
第 4 章／キャッシュ・マネジメント
第 5 章／IFRS への収斂

第1章 ブロックチェーンと簿記

1 はじめに

　情報技術の急速な発展は，複式簿記を基盤とする会計情報システムに大きな影響を及ぼしつつある。帳簿組織は手作業によるデータ処理と紙媒体での保存を前提に，記帳分担を合理的に行う仕組みとして発展したものであるが，そのような前提およびそれに伴う制約条件は消え去っている。

　本章では，ブロックチェーンとよばれる記録システムに着目し，将来の会計情報システムを考える上での材料を少しだけ提供する。そのため，まず，すでに実用化されているビットコインのブロックチェーンについてとり上げ，次に，ブロックチェーンによる記録システムとそれが将来の会計情報システムに及ぼす可能性について，私見を述べることにする。

　ブロックチェーンは仮想通貨（暗号資産）を実用化するための技術として現在用いられているが，その活用範囲は仮想通貨に限定されるものではない。システムダウンしないという意味で可用性が保たれ，かつ，改竄困難という信頼性の高い記録システムとして捉える必要がある。フィンテックの代表格として，金融分野では仮想通貨以外の活用方法についても実証実験が進められているが，金融以外でも商業登記や不動産登記，医療情報などさまざまな分野での活用が考えられている。可用性の高さと改竄困難という信頼性の高い記録システムというブロックチェーンの特徴は，会計情報システムに求められる要素でもある。

2 ビットコインの記録システム

ブロックチェーンとよばれる記録システムを最初に実用化したものが、ビットコインとよばれる仮想通貨である。

従来の記録システムでは、**図表1-1**のように中央にサーバーが位置し、入力作業等を分業する端末が周囲に配置される構造となっている。データはシステムの中核にあるサーバーに保存されるので、サーバーのメンテナンスのためには一時的にサービスを停止させなければならないという意味で可用性に限界があり、かつ、サーバーに保存される内容の検証を行う仕組みが信頼性を担保する上では不可欠となっていた。

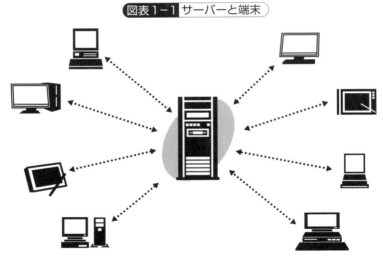

図表1-1 サーバーと端末

出所：経済産業省（2016）図1を参考に筆者作成。

これに対し、ビットコインのブロックチェーンでは、**図表1-2**のように最終的にすべてのコンピュータに同じデータが保存されるように、バケツリレーのようにしてデータのやりとりがなされるシステムとなっており、特定の管理者は存在しない。むしろ全員が平等に管理者なのである。ビットコインのブロックチェーンでは、その信頼性は Proof of Work とよばれる機械的な検証作業に

第1章 ブロックチェーンと簿記 5

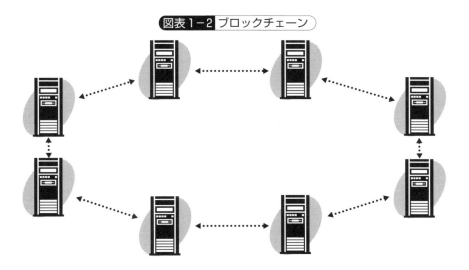

図表1-2 ブロックチェーン

出所：経済産業省（2016）図1を参考に筆者作成。

よって担保されているのである。

　ビットコインのブロックチェーンでは，検証作業が終わった取引記録について，一定の間隔で記録の束（ブロック）にまとめ保存する。記録の束がつながってゆくため，その様子をとらえてブロックチェーンとよばれる。

　仮想通貨の場合，いかに二重支払を防止するかという点が一番大きな課題であるが，ビットコインのブロックチェーンでは二重支払を防止するため，ブロックチェーンの中に刻み込まれているデータの最小単位である取引記録（トランザクション）には，どこから受け取ったいくらのものを，どこへいくら引き渡すのか，手数料の金額や電子署名とともに記録されている。

　このようなビットコインのブロックチェーンにおける記録方法は，過去，現在，未来にわたって入出金の総額が一致していることを明らかにしていることから，時制的三式簿記（岡田，高橋，山崎，2015, 47）あるいは時制式三式簿記とよばれる（山崎，安土，田中，2017, 25：岡田，2018, 62-68）。海外でも，triple entry accountingという表現でビットコインのブロックチェーンの記録方法は説明されており（Simoyama et al. 2017；Grigg 2005），時としてtriple-entry bookkeepingという会計学の領域で確立していた専門用語と混乱をもたらして

いる。

　会計学で三式簿記 (triple-entry bookkeeping) とは，Ijiri (1982) で最初に示された複式簿記に革新をもたらす新たな次元の簿記である。時制的三式簿記 (temporal triple-entry bookkeeping) は複式簿記の次のステップの1つとして説明されており，複式簿記における資本等式が現在（現在の財産）と過去（過去の資本と留保利益）の等式とすると，それに未来（予算）を加えたものと説明されている（井尻，1984, 16-25, 29-33）。そして三式簿記では，予算と実績の差が示されることになる（井尻，1984, 37-43）。これはビットコインの記録方法で説明されている時制式三式簿記とは異なる。

　さらに，Ijiri (1982) では，時制的三式簿記とは別に，利益の加速度に着目する微分的三式簿記 (differential triple-entry bookkeeping) についても述べられており，それは複式簿記とは本質的に次元が異なっており，Ijiri (1989)，井尻 (1990) で利速会計 (momentum accounting) として展開されることになる。

3　ブロックチェーンと会計情報システムの連携の可能性

　野村総合研究所「平成27年度　我が国経済社会の情報化・サービス化に係る基盤整備（ブロックチェーン技術を利用したサービスに関する国内外動向調査）報告書」では，期待されるユースケースとして，製品の原材料からの製造過程と流通・販売までを，ブロックチェーン上で追跡可能な形で管理する可能性が述べられており，また，類似の応用ケースとして貿易取引について，船荷証券や信用状をブロックチェーンで管理し，取引をスクリプトで管理することによって，マニュアル的で非効率であった手続の円滑化が可能になると指摘されている。

　サプライチェーンや貿易取引について，取引の関係者がブロックチェーンを利用して取引記録を管理するようになれば，情報の共有が効率的に行われるようになる。取引記録が関係者で共有されることになるため，自社だけで記録を修正することはできなくなり，自社の意思だけでは記録を変更できなくなるという意味で，社内ではなく，社外に置かれているのと同じ状態になる。自社の会計情報システムからは，そのように実質的に社外に置かれているのと同様の

状態の取引記録から，必要とされる情報を引き出して処理を行うことになるというのが，将来の会計情報システムの姿になる可能性がある。

　日本総合研究所「平成29年度　わが国におけるデータ駆動型社会に係る基盤整備（分散型システムに対応した技術・制度等に係る調査）報告書」では，ブロックチェーンに関連して，実用化に向けた取組みが行われている分野として，「医療・ヘルスケア」分野と「物流・サプライチェーン・モビリティ等」分野が，諸外国において活用が検討されており，今後日本においても活用が進むと考えられる分野として，「スマートプロパティ」がとり上げられている。そして，3件のユースケースについて，システムの評価軸を用いた机上評価が行われた上で，実用化に向けた取組みが具体的に行われている分野であっても，まだ，法制度上の取組みと技術的な取組みの両方が必要であることが示されている。

4　おわりに

　ビットコインのブロックチェーンでは，検証手続に時間と費用がかかり，かつ処理できる取引数にも限界があるという問題点が指摘されており，会計情報システムとして活用することは難しい。しかし，ブロックチェーンはビットコイン型に限定されているわけではなく，信頼できる複数の関係者が，適切な内部牽制組織を構築した上で運営するようなブロックチェーンであれば，検証手続の時間と費用という問題を発生させることなく，可用性があって改竄困難という意味で信頼性が高く，かつ安価な記録システムを構築できる可能性がある。

　ビットコインのブロックチェーンは，誰でも記録内容を見ることができるというだけではなく，誰でも検証手続を行うことができ，かつその報酬を生み出す仕組みを構築したことに特徴があり，その結果，検証手続にかかる費用が大きなものとなってしまった。会計情報システムにブロックチェーンを本格的に活用するためには，信頼性の高い記録システムの構築に本当に必要な特徴を残し，必要でない部分は取り除くことを考えなければならない。

●参考文献

赤羽喜治, 愛敬真生 . 2016.『ブロックチェーン　仕組みと理論』リックテレコム .
井尻雄士 . 1984.『三式簿記の研究』中央経済社 .
井尻雄士 . 1990.『「利速会計」入門』日本経済新聞社 .
岡田仁志, 高橋郁夫, 山﨑重一郎 . 2015.『仮想通貨　技術・法律・制度』東洋経済新報社 .
岡田仁志 . 2018.『決定版　ビットコイン＆ブロックチェーン』東洋経済新報社 .
久保田隆編 . 2018.『ブロックチェーンをめぐる実務・政策と法』中央経済社 .
経済産業省 . 2016.「『ブロックチェーン技術を利用したサービスに関する国内外動向調査』を取りまとめました」New Release（平成28年4月28日）. http://www.meti.go.jp/press/2016/04/20160428003/20160428003.pdf
坂上学 . 2018.「FinTechのコア技術ブロックチェーンの会計的理解」日本ディスクロージャー研究学会第4回 JARDIS ワークショップ配付資料（小樽商科大学8月22日）.
日本総合研究所 . 2018.「平成29年度　我が国におけるデータ駆動型社会に係る基盤整備（分散型システムに対応した技術・制度等に係る調査）報告書」経済産業省 . http://www.meti.go.jp/press/2018/07/20180723004/20180723004-2.pdf
野村総合研究所 . 2016.「平成27年度　我が国経済社会の情報化・サービス化に係る基盤整備（ブロックチェーン技術を利用したサービスに関する国内外動向調査）報告書」経済産業省 . http://www.meti.go.jp/press/2016/04/20160428003/20160428003-2.pdf
山崎重一郎, 安土茂亨, 田中俊太郎 . 2017.『ブロックチェーン・プログラミング　仮想通貨入門』講談社 .
渡部寅二 . 1932.『帳簿組織の研究』森山書店 .
Grigg, I. Triple Entry Accounting. 2005. http://iang.org/papers/triple_entry.html
Ijiri, Y. 1982. *Triple-Entry Bookkeeping and Income Momentum*. Studies in Accounting Research No.18, Sarasota, FL: American Accounting Association.
Ijiri, Y. 1989. *Momentum Accounting and Triple-Entry Bookkeeping*. Studies in Accounting Research No.31, Sarasota, FL: American Accounting Association.
Simoyama, F. D. Oliveira, I. Grigg, R. L. P. Bueno, L. C. De Oliveira. 2017. Triple entry ledgers with blockchain for auditing. *International Journal of Auditing Technology* 3 (3): 163-183. https://doi.org/10. 1504/IJAUDIT. 2017. 086741

（野口　晃弘）

第2章 情報技術と会計

1 はじめに

　事務処理用のコンピュータが開発されたのは，今から60数年ほど前のことであるが，あらためていうまでもなく現代の企業における会計処理において，ITはなくてはならない存在になっている。

　1954年に米国においてUNIVACが発売されると，コンピュータは企業の事務処理に利用されはじめた。1963年にIBM360シリーズなどが発売されると，これらのコンピュータは信頼性や計算処理速度に優れるうえ，プログラミングも容易であることから，企業の事務処理に利用しやすい機器へと進化した。

　当時の企業で利用されていたシステムは基幹業務全体を統合したものではなく，販売業務・購買業務・固定資産管理業務・給与計算支払業務・経理業務といった業務ごとにシステム化されたものであった。そして取引データもマスターファイルとしてシステムごとに作成しており，統合化されたものではなかった。システムは，インフラや設計思想が統一されておらず，個々のシステムが独立していることでデータの連携もされていないことがあった。このような場合，一般的にシステムの運営やメンテナンスのコストが高かったり，経理処理の早期化に限界が生じたりする可能性がある。

　これらの課題を克服するためにERPパッケージが登場した。ERPパッケージでは独立していた個々のシステムを統合し，システム間の連携を強化するとともに，データベースも集約することでデータ処理速度を向上させることを目

これからの財務報告実務

指した。

1970年代以降はパーソナルコンピュータの普及が進むことで，企業内における情報端末の普及が進み，業務におけるITの利用範囲が拡大するとともにエンドユーザーコンピューティングも発達した。1990年代になるとインターネットが急速に普及することで企業内ネットワークや企業間ネットワークの構築が容易となった。電子商取引が盛んになるとともに企業内の情報連携が進み，企業外部から企業内情報へのアクセスが容易になった。

図表2-1 企業間（BtoB）電子商取引の国内市場規模

1998年	2000年
8.6兆円	21.6兆円

出所：経済産業省（2001）を参考に作成。

近年では，クラウドの利用が進むとともに，モバイル端末の小型化・高性能化により，情報処理のモバイル化が急速に進み，データ入力や情報処理のリアルタイム化が容易になった。

このようにここ数十年におけるITの進展は目覚しいものがあるが，その進展は私達の生活に大きな影響を与えるのみでなく，企業の会計実務にも大きな影響を与えている。

本章ではITの進展が具体的にどのような変化を企業にもたらしてきたのか，そしてここ最近においてはどのような変化が生まれているのか，その結果，企業において会計に携わる人々はどのようなスキルを身につけていくべきかについて触れたい。

2 情報技術の進展が会計実務に与える影響

(1) 会計実務に影響を与える外部環境

① 経済環境における影響

経済の発展とともに企業の大規模化が進んでいる。これは資本主義経済のもとで量産品の大量生産により利益をあげるビジネスが多くの企業で採用されて

いることとともに，そのビジネスモデルを支えるインフラが整備されてきたことにもよる。

　企業規模が拡大すると1社あたりの取引量が増加するが，多くの取引について正確な会計処理を行うために，ITは欠かせないものとなっている。ITを利用せず人力のみで会計処理を行うと，人が行う作業が膨大になるとともに，ヒューマンエラーが発生する危険性から，会計処理結果に信頼性を与えることがとても困難になってしまう。大量の取引を正確かつ迅速に処理することは，ITを利用した会計システムが得意とする分野である。

　企業の大規模化の過程において，企業の競争市場は各国ローカルの市場内のみにとどまらず，国境を超えた競争を行うようになっている。たとえば総合商社，自動車メーカー，家電メーカーなどの業界では早くからグローバル化が進展している。

　グローバル企業の中にはグループ企業が全世界に数百社に及ぶ企業もあるが，これらグローバル企業は連結決算を作成するために，全世界の子会社から情報を集めて非常に複雑な連結決算処理を行う必要がある。複雑な連結決算を行うためには，ITのインフラや連結パッケージソフトが必要不可欠になっている。

　証券取引所に上場する企業は，適時開示の要請により決算の内容が定まったら速やかに決算短信を開示することが求められている。東京証券取引所では期末の決算について，遅くとも決算期末後45日以内に内容のとりまとめを行い，その開示を行うことが適当であり，決算期末後30日以内の開示が，より望ましいとしている。決算処理が膨大かつ複雑である一方で，上場企業には，とても早く決算の開示を行うことが求められている。

図表2-2 平成30年3月期決算発表所要日数

	平成30年3月期	前年同期
決算発表会社数	2,335社	2,350社
所要日数	39.1日（△0.4日）	39.5日

出所：東京証券取引所（2018）を参考に作成。

決算の早期化は業務の平準化のように人力により達成できる業務もあるが，データの連携や自動仕訳・自動処理など，決算早期化においてITの活用は欠かせないものとなっている。

② 技術面における影響

インターネットの普及により企業間の取引や消費者と企業との取引において電子化が進むとともに，物流のインフラが整備されることで取引スピードが大幅に向上し，取引やサービス提供については24時間対応が当たり前になってきている。

経済産業省が2018年に公表した報告書によると，日本におけるBtoC-ECの市場規模は2010年から2017年にかけて倍以上に増加しており，EC市場規模は2017年において16兆5,054億円に，EC化率は5.79％に達している**（図表2-3）**。BtoB-EC市場に関してはEC市場規模は2017年において317兆2,110億円に，EC化率は29.6％に達している**（図表2-4）**。

電子取引や24時間取引はITの利用なくして対応することはできないが，ITの急速な技術革新や普及が，企業取引のIT化に影響を与えていると考えられる。

③ 社会環境における影響

ワークライフバランスの向上や育児期間中により働きやすい環境を整えるために，働き方改革が進められている。これを解決する方策の1つとして，テレワークの導入が考えられる。テレワークとは，ICT（情報通信技術）を活用して，時間と場所を有効に活用できる柔軟な働き方のことである（総務省，2017a）。

「働き方改革を推進するための関係法律の整備に関する法律（平成30年7月6日公布）」が成立し，今後日本における働き方改革は推し進められるものと思われるが，その中で柔軟な働き方がしやすい環境整備も進められるとされている。

これまではオフィスでしか仕事ができなかったのが，ICTを駆使することで在宅勤務，サテライトオフィス勤務，モバイルワークといった，企業において働き方の多様化を実現するための取組みが推進され，われわれの勤務形態に変化が生ずることが予想される。

図表2-3 BtoC-ECの市場規模およびEC化率の推移

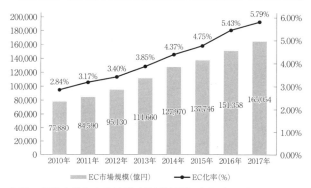

出所：経済産業省商務情報政策局情報経済課（2018）。

図表2-4 BtoB-ECの市場規模およびEC化率の推移

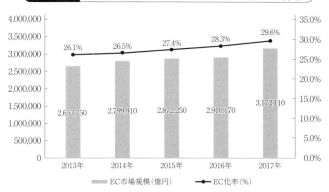

出所：経済産業省商務情報政策局情報経済課（2018）。

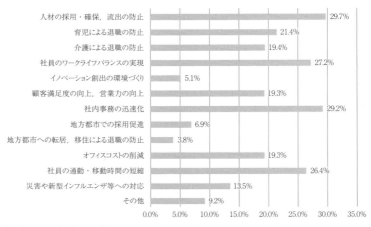

図表2-5 テレワーク導入の目的

出所：総務省（2017b）。

(2) 記帳手続の変化

　ITを利用した初期の基幹システムは，会計，販売，購買といった各基幹システムが独立しており，システムの機能も入力したデータの単純集計や簡易な計算を行うようなものが中心であった。システムへの入力は，受注書類や発注書類，振替伝票などの入力原票を人が手作業で作成し，その原票が承認された後にオペレーターが入力するような流れで処理をしていた。

　システムが発達してくると，システム間の連携が図られるようになった。当初独立していた会計システムと販売，購買といった各基幹業務システムが自動で連携されるようになり，会計伝票を自動で起票する機能が利用されるようになった。自動で起票された仕訳は自動仕訳伝票として出力され仕訳起票の手間が削減されるとともに，仕訳の起票単位の細分化も手間をかけることなく実現することが可能になった。

　ERPパッケージに代表されるように，基幹システムが統合されデータベースも統合データベースに集約されると，これまで月次で帳票の出力と確定を行い，月次決算や年度決算をバッチ処理で行っていた決算処理から，日次でタイムリーに決算処理を行うことが可能となった。

図表2-6 アプリケーション関連図の例

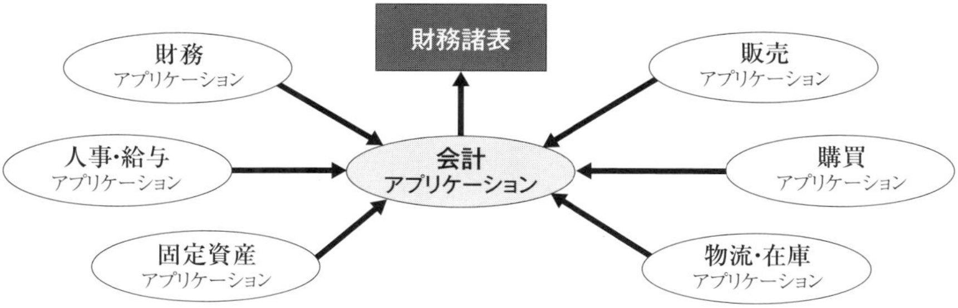

```
    財務                              販売
アプリケーション    財務諸表      アプリケーション
                      ↑
人事・給与         会計              購買
アプリケーション → アプリケーション ← アプリケーション
                   ↑    ↑
    固定資産                      物流・在庫
アプリケーション                  アプリケーション
```

出所：日本公認会計士協会（2012）。

　日次で決算処理を行うことが可能となると，期末決算処理の早期化も進んだ。これまで期末や月末にまとめて行っていた決算手続を，会計期間の期中処理に平準化することで期末に要する決算業務を削減することが可能となり，これが決算の早期化に大きく影響した。

　最近では会計パッケージソフトも機能が発達し，銀行取引やクレジットカード取引などのデータ取込や外部データとの連携により仕訳の自動生成を行うことも可能になっている。このような会計処理の自動化が進むことで，経理部門に所属する人員の業務は単純な伝票起票作業から解放され，高度な判断を伴う会計処理に注力するための時間を捻出できるようになっている。

　営業部門や購買部門などの業務部門においても，システムの利用により業務の変化は生じてきている。

　インターネットや企業間ネットワークの普及により，企業間取引の電子化が進み，受発注書類が電子データに置き換わることで，書類の入力作業が必要なくなり，データの送受信により取引データを生成することが可能となっている。これにより大量の受発注データを効率的かつ正確に処理することができるようになった。最近においてはモバイル端末の小型化や性能向上，無線通信回線の普及や高速化により，現業部門の事務処理はオフィスの中だけでなく，外出先でもできるようになった。これにより移動先において直接，企業のシステムにアクセスして事務処理を行うことができるようになり，事務処理のリアルタイム化や効率化が図られるようになった。

(3) 統制手続の変化

　ITを利用した初期のシステムにおいても，ITを利用した統制手続が存在していたが，それは自動計算処理や自動転送，入力時のエラーチェックなど，比較的単純な統制手続が中心であった。それだけでも多くの作業工数が削減できて企業の経理処理に要する人員は大きく削減することができた。

　PCが普及しERPパッケージソフトが利用されはじめると，システムを利用した統制手続に変化が生じてきた。PC端末の普及によって，複数人で共用されていた端末が，利用者個人固有のPCに置き換えられるようになった。さらにウィンドウズなどのオペレーティング・システムやERPパッケージソフトではプログラムにアクセスする際に，個人認証が行われることで，システムを利用している個人を特定することができるようになった。

　これにより利用者個人ごとに利用できるメニューや権限を定めることが容易となり，業務分掌の実現や電子承認などのシステムを利用した統制手続が多く導入されるようになった。

　ITを利用した統制手続の導入が進むと，人が手作業で行っていた多くの作業について，ITを利用した統制手続に移すことが可能となり，伝票やチェックリストなどの出力帳票のうち，人が手作業による統制手続に利用していた帳票の出力が不要となった。

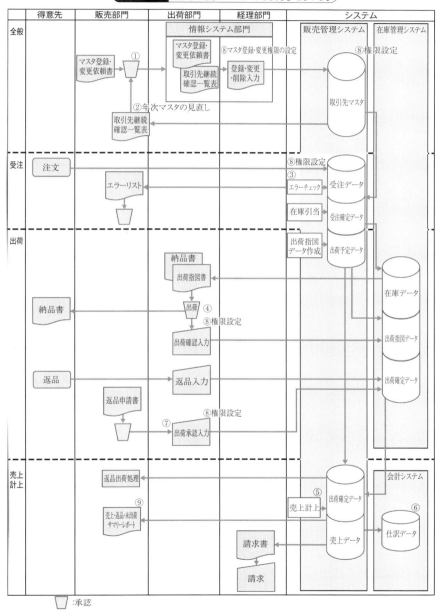

図表2-7 販売業務における統制手続の例

	内部統制
①	マスタメンテナンスを行う必要が生じた場合は，営業担当者が「マスタ登録・変更依頼書」を起票し，販売部門責任者の承認を得た上で情報システム部門担当者に作業を依頼する。 メンテナンス後，「マスタ登録・変更・削除プルーフ」が出力され，情報システム部門責任者が申請書と照合し，ファイルされる。
②	取引先マスタの内容については，1年に1度「取引継続確認一覧表」を出力し，各営業部に回付して登録内容の正確性および削除の要否の確認を行う。確認済みの「取引継続確認一覧表」に基づいて，情報システム部門において取引先マスタの変更が行われる。更新後の「取引継続確認一覧表」を販売部門責任者が査閲し承認する。
③	受注は得意先からのEDIによる。EDI受注データは，マスタとの照合処理が行われる。マスタの情報と不整合であるために，エラーとなったデータは，「エラーリスト」に出力されるとともに，受注処理が保留される。 営業担当者は，エラー発生原因を調査し，得意先と調整を行う。その後，得意先からEDI受注データが再送信され，エラーが解決されたデータのみが受注データとして受け入れられる。
④	出荷時に，出荷担当者が，在庫管理システムに出荷確認入力を行う。なお，当日出荷予定データに対してのみ，出荷確認入力をすることができる。 出荷日付については入力を行った日のシステム日付を自動で取得する。
⑤	出荷確認入力後，在庫管理システムから出荷済みデータが販売管理システムに転送され，出荷予定データは「出荷済み」のステータスに変更される。 販売管理システムでは，「出荷済み」となった出荷予定データの出荷数量とマスタに基づき売上額が自動計算され，売上データが作成される。
⑥	会計システムでは販売管理システムから転送された売上データ（内部統制⑦において販売管理システムに反映された返品データはマイナスの売上データとして含まれる。）により，出荷日を売上計上日として自動仕訳が生成され売上計上される。
⑦	出荷部門責任者は，受領した返品された商品について，販売部門責任者の承認済みの「売上返品申請書」に基づき，対応する返品入力に関して，在庫管理システムに返品承認入力を行うことにより，返品データ（マイナスの出荷確定データとして扱われる。）が確定する。
⑧	職務分掌に従って，販売管理システム／在庫管理システムの権限は適切に設定されている。 1．マスタの登録・変更・削除（内部統制①）は，情報システム部門のマスタメンテナンス担当者のみ実行可能 2．出荷確認入力（内部統制④）は出荷担当者のみ実行可能。返品承認入力（内部統制⑦）は出荷部門責任者のみ実行可能
⑨	月次決算時に，販売管理システムから「売上・返品・未出荷サマリーレポート」が出力され，販売部門責任者によって必要な処理が漏れている取引がないか査閲されている。

出所：日本公認会計士協会（2016a）を参考に作成。

(4) 会計帳簿への影響

　企業における会計実務で求められる帳簿としては，仕訳帳，総勘定元帳といった会計記録の根幹をなす帳簿や，売上帳，売掛金台帳，固定資産台帳といった業務ごとの帳簿がある。会計実務にシステムを導入することによりこれらの帳簿がシステム出力に置き換えられていった。

　初期のメインフレームをベースとしたシステムにおいては，手作業で行っていた作業を機械化した側面が強く，各帳簿類も手書きで作成していた帳簿をプリンターで出力した帳簿に置き換えしていくものであった。

　決算処理においては多くの出力帳票が存在し，大量の帳票を人が目視でレビューし必要な調整を行うこともあった。帳票も紙で出力したものを保管していたため，書庫には多くの帳簿が保管されていた。

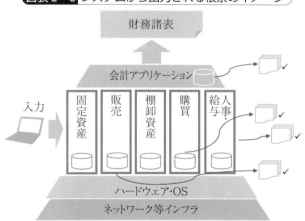

図表 2-8　システムから出力される帳票のイメージ

　インターネットや企業内ネットワークが発達してくると帳簿の作成保存方法に変化が生じてきた。紙で出力した帳簿を閲覧，保存していたのが，大量のデータを画面上で閲覧することが中心となっていった。データ処理結果の承認作業も画面上での実施が可能となったことから，帳簿の印刷を行う必要性がなくなった。これにより帳票の印刷保存の手間やコストを削減し，ペーパーレス化が進展していった。会計記録も帳票での出力が必要なくなることで，1取引

あたりの情報量を増やし仕訳件数も大幅に増やすことができるようになった。

　日本においては電子帳簿保存法が整備されたことで，これまで国税関係の会計帳簿は書類で保存しなければいけなかったのが，電子記録で保存することが容認され，ペーパーレス化がさらに進んだ。

3　会計人材に求められるスキルの変化

　これまで触れてきたように，ITの進展にともない企業の会計処理は元データの取り込みや，データの連携等による自動化が進んだ。個別に伝票起票を行う場合においても，取引の基本的な項目を会計パッケージに入力することで容易に仕訳の起票が行えるようになっている。

　企業間取引の自動化や企業の大規模化は，1社あたりにおける会計取引データの大幅な増加につながる。取引データの増加に伴い，ペーパーレス化が進展することで，大容量のデータは電子記録媒体に保管されるようになった。紙で出力する帳票がなくなるため，会計記録の閲覧は基幹システムの画面やBIツール（Business Intelligenceツール）などのソフトウェアを利用して行われるようになった。

　従来の経理部門では，複式簿記を理解し，振替伝票を起票し，帳簿記録ができる人材が求められており，簿記の知識を活用して事務処理を正確に行うことが求められる能力として重要であった。

　一方で最近の会計実務においては，簿記の知識はもちろん必要であるが，自動化された取引を含めて企業の取引全体を理解し生成された会計データを正しく把握・分析できる人材が求められるようになっている。

　会計処理が自動化されると，人を介さなくとも企業の会計データが生成される。その過程において，コンピュータで処理されるプロセスがブラックボックス化してしまい，経理部の人員は処理された結果を鵜呑みにして，ただ単に結果を利用するのみとなってしまうと，さまざまな数字の変化を正しく理解することができなくなってしまう。

　さらに，大量に生成される会計データは，有効に活用しないと会計記録が本来備えている利用価値を発揮できない。そのため経理部の人員には大量に生成

されたデータを解析し，マネジメントに KPI の達成状況を正確に報告できる人材が求められるようになっている。

このためには簿記の知識のみではなく，基幹システム内部でのデータ処理プロセスを正しく理解できるシステム知識を備えた人材，大容量のデータについてツール等を活用し，レポートにまとめることができるデータ処理スキルを備えた人材，さらには企業にとって重要な KPI となる指標を見出し，その指標に必要なデータを生成するシステムの構築に参画できる人材が求められるようになっている。

このようにこれまでの経理部人員に求められた簿記に関する知識のみではなく，システムに関する理解のある人材やデータ解析が得意な人材など，幅広い知識を備えた人材が求められるようになっている。

4　最近の IT トピックス

これまで触れてきたとおり，システムの進展により会計実務は大きく変わってきた。今後も第1章で触れているブロックチェーンの活用をはじめ，急激なIT の進展が会計実務に大きな影響を与えていくことが予想される。

ここでは今まさに会計実務に変革を生じさせている最近の IT トピックスの 1 つである金融機関におけるオープン API について少し触れたい。

「API（Application Programming Interface）とは，一般に『あるアプリケーションの機能や管理するデータ等を他のアプリケーションから呼び出して利用するための接続仕様等』を指し，このうち，サードパーティ（他の企業等）からアクセス可能な API が『オープン API』と呼ばれる。」（オープン API のあり方に関する検討会報告書　―オープン・イノベーションの活性化に向けて―　2017年7月13日，オープン API のあり方に関する検討会（事務局：一般社団法人全国銀行協会））

現在は，さまざまな FinTech 企業が登場しており，金融機関と個別に連携を図ることで，資金決済，融資，資産管理，クラウド会計といったサービスを提供している。決済手段における資金の概念は，ポイント，デビットカード，仮想通貨，クレジットカードなどが発達し，とても多様化している。FinTechによる新たなサービスは金融分野におけるサービスに変革をもたらしており，

それらの変革は企業における事業活動にも影響を及ぼしている。

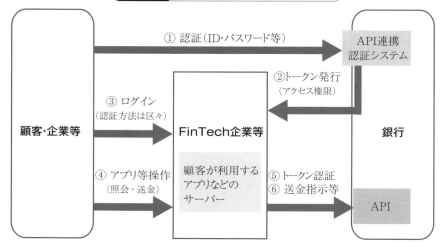

図表2-9 オープンAPIの基本的な仕組み

出所：オープンAPIのあり方に関する検討会（2017）の図表1を参考に作成。

　オープンAPIはこれまでの個別企業単位で実施してきたFinTech企業と金融機関との連携を，共通の基盤を構築することで広く連携が可能となる仕組みである。

　日本経済再生本部が2018年6月15日に公表した未来投資戦略2018―「Society5.0」「データ駆動型社会」への変革―において，「今後3年以内（2020年6月まで）に，80行以上の銀行におけるオープンAPIの導入を目指す」とされており，ここ数年で大きく導入が進むことが見込まれる。

　オープンAPIの進展により金融分野の改革が進むことで，企業自身のビジネスや企業における会計実務にも今後，大きな影響が生ずることが見込まれる。

5 おわりに

これまで述べてきたとおり，ここ数十年におけるITの進展は目覚ましいものである。現代においてコンピュータの高性能化や小型化は急速に進み，高度に発達した通信網との連携により，ユキビダスコンピューティングが進みつつある。

ITの進展により企業のビジネスや会計実務は大きく変革してきており，経理部門の人員に求められるスキルも変わってきている。

今後もITの進展が進むことが予想されているが，これらの変革は企業に大きな影響を与え続けるものと思われる。

企業における会計実務に関して研究する方たちは，今後のITの動向や進展，それがどのように企業の会計実務に影響を与えることになるのかについて，注視していくことが必要であろう。

●参考文献

オープンAPIのあり方に関する検討会（事務局：一般社団法人 全国銀行協会）. 2017.「オープンAPIのあり方に関する検討会報告書 −オープン・イノベーションの活性化に向けて−」.
経済産業省 商務情報政策局 情報経済課. 2018.「平成29年度 我が国におけるデータ駆動型社会に係る基盤整備（電子商取引に関する市場調査）報告書」.
経済産業省 商務流通保安グループ. 2017.「クレジットカードデータ利用に係る API連携に関する検討会 中間取りまとめ」.
経済産業省. 2001.『平成12年度電子商取引に関する市場規模・実態調査』概要』.
経済産業省. 2010.「IT経営ロードマップ」.
総務省. 2017a.「平成29年版情報通信白書」.
総務省. 2017b.「ICT利活用と社会的課題解決に関する調査研究（平成29年）」.
東京証券取引所. 2017.「決算短信・四半期決算短信 作成要領等」.
東京証券取引所. 2018.「平成30年3月期 決算発表状況の集計結果について」.
日本公認会計士協会. 2011. IT委員会実務指針第6号「ITを利用した情報システムに関する重要な虚偽表示リスクの識別と評価及び評価したリスクに対応する監査人の手続について」.
日本公認会計士協会. 2012. IT委員会実務指針第6号「ITを利用した情報システムに関する重要な虚偽表示リスクの識別と評価及び評価したリスクに対応する監査人の手続について」に関するQ&A」.

日本公認会計士協会. 2016a. IT 委員会研究報告第47号「業務処理統制に関する評価手続」.
日本公認会計士協会. 2016b. IT 委員会研究報告第48号「IT を利用した監査の展望 〜未来の監査へのアプローチ〜」.
日本経済再生本部. 2018.「未来投資戦略2018—「Society 5.0」「データ駆動型社会」への変革—」.

（淺井　孝孔）

第3章 統合報告

1 はじめに

　企業報告は国際的にもわが国においても変革の時期にある。資本市場全体において，長期的に最適な資源配分を通じて持続可能な価値創造が実現されるためには，投資家が企業の開示情報を基に長期的視点から企業価値を評価し，投資家行動につなげることができることが前提条件となる。一方で，企業からの一方向での財務情報の情報開示だけではなく，企業と投資家が対話を通じて相互理解を深めることが重要であり，この対話の基礎となる情報を提供するという意味でも，企業報告は重要な役割を担う。これまで，100年以上にわたり財務情報を中心とした企業からの企業報告がなされてきたが，今，その財務情報を中心とした企業報告の内容自体の十分性が問われているのである。

　2013年12月に国際統合報告評議会（以下，IIRCという）が国際統合報告フレームワークを公表し，国際的にも統合報告に対する関心が高まるとともに，わが国においても，2018年6月1日に公表された「コーポレートガバナンス・コード（2018年6月版）」の基本原則3において「上場会社は，会社の財政状態・経営成績等の財務情報や，経営戦略・経営課題，リスクやガバナンスに係る情報等の非財務情報について，法令に基づく開示を適切に行うとともに，法令に基づく開示以外の情報提供にも主体的に取り組むべきである。」「その際，取締役会は，開示・提供される情報が株主との間で建設的な対話を行う上での基盤となることも踏まえ，そうした情報（とりわけ非財務情報）が，正確で利用者

にとって分かりやすく，情報として有用性の高いものとなるようにすべきである。」（東京証券取引所，2018）と言及されるなど，非財務情報の有用性および財務情報との関連性の重要性が示されている。

このような政策的動向の後押しもあり，わが国においても統合報告書を発行する企業が年々増加しており，中長期的な企業価値の説明を通じて，長期志向の投資家に対する魅力を高めていくことを目指していく傾向は続いていくことが想定される。そこで，本章では，統合報告が生まれた経緯，統合報告の概念，そして統合報告書をめぐる国内外の動向を紹介することとした。

2 どのような経緯で「統合報告」という概念ができたのか

(1) 統合報告とはどのような概念なのか？

統合報告とは「統合思考を基礎とし，組織の長期にわたる価値創造に関する定期的な統合報告書と，これに関する価値創造の側面についてのコミュニケーションにつながるプロセス」である（IIRC, 2014, 37）。統合報告のプロセスにおいて企業側で作成されるのが統合報告書であり，その定義は，「組織の外部環境を背景として，組織の戦略，ガバナンス，実績および見通しが，どのように短，中，長期の価値創造につながるかについての簡潔なコミュニケーション」である（IIRC, 2014, 37）。ここでポイントとなるのは，企業の財務情報と非財務情報を単純に組み合わせた情報がそのまま統合報告になるわけではないという点である。既存の財務情報に非財務情報を追加するのみでは組織の中長期的な企業価値創造プロセスを簡潔に読者に伝えるという統合報告書の目的を完全に満たすとはいえないと考えられる。

わが国では，財務情報について金融商品取引法に基づく有価証券報告書，会社法に基づく計算書類等により財務情報が外部へ公表されており，これら制度開示に加え自主的な開示実務として「アニュアルレポート」，「CSR報告書」等により非財務情報を開示している上場会社が数多く存在する。しかしながら，このような多種多様の開示媒体による情報提供は，投資家が利用可能な情報量の増加につながる一方で，未統合のまま大量の情報を開示することは，投資家

にとって効率的な企業情報の利用・理解の障害となっているという点も指摘もされている。また，現行実務の課題として，日本公認会計士協会経営研究調査会研究報告第59号「長期的視点に立った投資家行動に有用な企業報告〜非財務情報に焦点を当てた検討〜」では，現状のアニュアルレポートに対して投資家から以下のような課題が指摘されているとしている（24-25）。

> ●アニュアルレポートの開示からは，どのような投資家層をターゲットにしているのか，読み取れないことが多い。
> ●そもそも投資家を想定ユーザーと捉えていないのではないか。
> ●中長期戦略，資源配分，戦略の進捗は，その説明が弱い部分である。

ここで，過去における企業の投資家に対する情報開示を振り返ってみる。1960年代までの企業報告は財務情報を中心とした企業情報を投資家に対して開示するという状況が継続していたといえるが，その後，1980年代後半から，財務情報とは別の企業情報として「環境報告書」の開示が始まり，2000年代初頭から「CSR報告書」の開示が始まり，非財務情報の開示がされるようになった。一部の先進的な非財務報告では，当初より付加価値分配や環境会計といった形で財務情報との関連づけが行われていたものの，財務情報との関連づけはあまり意識せず，あくまで非財務情報を中心とした情報開示にとどまっていた状況といえる。その後，2000年代に入ると財務情報を中心としながらも，「アニュアルレポート」等で財務情報と非財務情報との関連づけを意識した企業報告が進むようになってきた。そして，近年ではIIRCから統合報告フレームワークが公表されたこともあり，財務情報と非財務情報を統合した「統合報告書」の開示がグローバルに進展しており，企業報告は国際的にもわが国においても変革の時期にある。

(2) どういう経緯で統合報告という概念ができたのか？

ここで，統合報告という概念が必要とされた経緯を項目別に説明したい。

① 財務報告の企業価値説明力の低下という問題意識への対応

従来は，各企業の財務情報における有形資産（建物，工場設備，機械等）およ

び財務的資産（現金同等物，営業債権，棚卸資産等）の価値表示により各企業の企業価値を概ね説明できるといわれていた。しかしながら，1980年代頃より無形資産が企業価値に大きな影響を与えるようになり，その役割が急拡大した。ソフトウェア，バイオテクノロジー，インターネットサービス等を営む無形産業の多くが1980年代から1990年代にかけて生まれた。同時に，他の企業においても，企業価値の主な源泉は「建物，工場設備，機械，現金同等物，営業債権，棚卸資産等」から，「特許，ブランド，情報テクノロジー，人的資源」へと移行した。つまり，特許・ブランド・情報テクノロジー等の必ずしも財務情報に計上されない無形資産が企業間比較に重要な指標となり，非財務情報ともなり得る無形資産が企業価値に大きな影響を与える時代となったのである。そのため，財務情報だけでは企業価値を十分に説明できない時代となったといわれ始めたのである。ジェンキンズ・レポート（1994年）が公表された背景の1つとしても，財務情報の企業価値説明力の低下に対する問題意識があった。

　図表3-1を見ると，有形資産および財務的資産の企業価値に占める割合は1975年の83%から2009年の19%まで大きく下がっている。企業価値の残りの部分は，無形資産によるものであるが，財務情報により説明されるのはその一

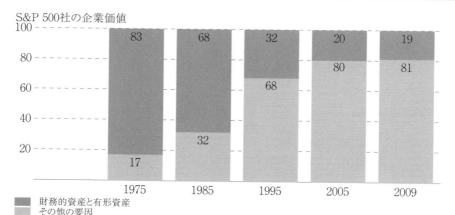

図表3-1 世界の主要企業(S&P500)の市場で測った企業価値に対する財務情報の説明力

出所：IIRC（2011），8。

部であり，多くの部分は財務情報において説明されていないという問題認識が示された。そこで，企業価値の説明には財務情報のみでは不十分であり，非財務情報による補完が必要という問題意識が企業，投資家において共通化されたのである。

② 近年のアニュアルレポートのボリュームの増加に対する懸念への対応

企業の財務報告は，その範囲を広げ注記情報を拡大してきており，加えて，専門性も高まっている。その結果，利用者側は財務情報を十分に読みこなせず，かえって企業の全体像が見えづらくなっている点や，財務情報内の重要な相互関係が示されていないという開示ギャップが指摘されている（IIRC, 2011）。これら問題点への対処として，財務情報を追加し続けることは，十分な対応といえず，情報間の結合性を明らかにするとともに情報の散乱を解消すること，および企業価値の把握のため最も有用な情報に限り簡潔に統合報告書に含めることが有効だと考えられる。

③ 企業に対する社会要求の本質的な転換への対応としての統合報告

世界経済が大混乱した2008年のリーマンショックを二度と起こさないという規制当局・市場関係者の強い反省と再発防止の観点から，「財務報告偏重」・「短期業績情報の充実」という開示スタンスを見直し，「財務・非財務のバランスのとれた開示」・「短期＋中長期の持続的な企業価値創造に焦点を当てる」への転換を図ろうとしている。経営者に対する短期的業績への圧力を過度に高めることのないよう中長期な企業価値の向上も重視すべきという方向へ，規制当局・市場関係者も姿勢を転換しつつある。2009年暮れに国際統合報告評議会（以下，IIRC）の準備会合が開催され，2010年夏にIIRCが発足した後に，2011年9月にディカッション・ペーパー公表という異例な短期間での対応完了からもリーマンショックの再発防止の観点から「統合報告」を導入するという規制当局・市場関係者の強い意気込みが認められる。また，「一方向の開示」・「開示量の多さで競争（More Reporting）」・「企業の枠内が報告範囲」という開示スタンスも見直され，「双方向の対話」・「開示の質で競争（Better Reporting）」「サプライチェーン全体が報告範囲」への転換も同時に図られており，企業側と投資家

との間の双方向での対話の重要性が増してきている。

3 IIRCの国際統合報告フレームワーク

(1) 統合報告に関するIIRCの検討〜これまでの経緯〜

2010年に国際統合報告フレームワークを開発し，統合報告の国際的な普及を目指して活動する英国拠点の非営利組織として，IIRCが発足した。IIRCは，英国のチャールズ皇太子が立ち上げたプロジェクト組織である「Accounting for Sustainability（A4S）」と，「企業の環境や社会に対する取組みを開示するための枠組み」を開発する組織である「Global Reporting Initiative（GRI）」という2つの組織を共同事務局として発足しており，企業，投資家，会計専門家，基準設定主体，NGOといったマルチ・ステークホルダーから構成される国際組織であり，価値創造を伝達する手段として統合報告を提唱している。

IIRCの準備会合には，日本から株式会社東京証券取引所の斎藤社長（当時）が参加している。2011年9月にIIRCは国際統合報告フレームワークのディスカッション・ペーパーを公表し，その後約1年半の短期間で2013年4月にコンサルテーション・ドラフトを公表している。IIRC幹部は，このコンサルテーション・ドラフトに対して「統合報告は，金融資本市場の安定と持続可能性（企業自身，金融資本市場，社会・環境・資源を含む）に貢献する」とコメントしている。そして，国際統合報告フレームワークのコンサルテーション・プロセス，パイロット・プログラムを経て，IIRCは2013年12月に国際統合報告フレームワークを公表している。IIRCの幹部は「市場主導の企業報告改革の重要な一歩」と位置づけている。

(2) フレームワークの目的

国際統合報告フレームワークの公表に当たり，IIRCは以下のように述べている（IIRC, 2014）。

「統合報告は，報告プロセスをよりまとまりのある，効率的なものとすることに焦点を当て，組織内部の縦割りを排するとともに，重複を解消するための

『統合思考』を採用することに焦点を当てた原則と概念を適用するものである。統合報告は，財務資本の提供者が利用可能な情報の質を改善し，より効率的かつ生産的な資本配分を可能とする。統合報告は，組織による長期にわたる価値創造，そしてその支えとなる『資本』群に焦点を当てることによって，財務的に安定的なグローバル経済に貢献し，また，持続可能な社会への推進力となる。」

また，IIRCは「統合思考」，「統合報告」，「統合報告書」のそれぞれを以下のように述べている（IIRC, 2014）。

> ■**統合思考**（Integrated thinking）
> - 組織のさまざまな事業単位および機能単位と，組織が利用し影響を与える資本との関係についての，動的な考察であり，組織の短・中・長期の価値創造を考慮した統合的な意思決定および行動を導く考え方。
>
> ■**統合報告**（Integrated reporting <IR>）
> - 統合思考を基礎とした，組織の持続的な価値創造に関するコミュニケーションプロセス。
>
> ■**統合報告書**（Integrated report）
> - 統合報告の成果物。組織の外部環境を背景として，組織の戦略，ガバナンス，実績および見通しが，どのように短・中・長期の価値創造に結びついているのかに関する簡潔なコミュニケーション。

従来の財務報告では終了した会計年度の財務情報，すなわち過去情報を企業から投資家に対して報告するという，ともすれば一方的な情報開示が主流となっていたが，統合報告では，短・中・長期の価値創造を考慮した思考に基づき，企業と投資家の間での双方向での簡潔でわかりやすいコミュニケーションが前提とされている。

(3) 基礎概念─価値創造プロセス

IIRCのフレームワークにおける資本と価値創造プロセスは，**図表3-2**のように定義されている。IIRCのフレームワークでは資本を「財務資本」，「製造資本」，「知的資本」，「人的資本」，「社会・関係資本」，「自然資本」の6つに区分している。ここで，「社会・関係資本」，「自然資本」が定義に加えられている点は，従来の企業スタンスを再考させるきっかけとなるものである。そして

図表3-2 IIRCのフレームワークにおける資本と価値創造プロセス

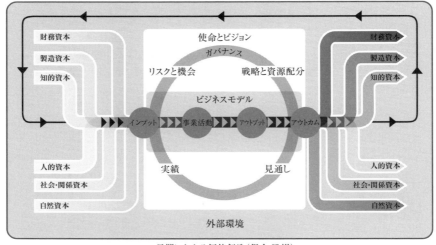

出所：IIRC（2014），15．

各企業は自社の「使命とビジョン」，「外部環境」等を踏まえたうえで上記6つの「資本」をインプットし実施した「事業活動」を通じて「アウトカム」を生み出し，各資本に配分する過程を価値創造プロセスとして定義している。

4　統合報告に取り組む目的とメリット

(1) 統合報告の目的と利用者

IIRCのフレームワーク（1C 1.7, 1.8）において，以下のことが述べられている。

「統合報告書の主たる目的は，財務資本の提供者に対し，組織が長期にわたりどのように価値を創造するかについて説明することである。

統合報告書は，従業員，顧客，サプライヤー，事業パートナー，地域社会，立法者，規制当局および政策立案者を含む，組織の長期にわたる価値創造能力に関心を持つすべてのステークホルダーにとって有益なものとなる。」

このフレームワークにおける統合報告書の目的を達成するために，企業はそれぞれの状況に応じた目的を設定し，統合報告に取り組んでいる。

(2) 統合報告により得られたメリット

Black Sun が IIRC パイロット・プログラム参加組織に対して2014年4月から8月にかけて実施した調査結果の概要は，以下に記載のとおりである。統合報告導入によりさまざまなメリットが得られたとの結果が示されており，統合報告に対する企業側の評価が窺える状況である。

> ① 価値創造に関する理解が深まった。（92％）
> ② データの質が改善した。（84％）
> ③ 意思決定が改善した。（79％）
> ④ （特に長期の）事業のリスクと機会に関する理解が深まった。（68％）
> ⑤ 企業の Goal と Target について，取締役会，経営者および戦略部門の間で考えの共有が進んだ。（78％）
> ⑥ 外部ステークホルダーとの関係に影響があった。（91％）
> ⑦ 内部ステークホルダーとの関係に影響があった。（96％）

出所：Black Sun（2014）．

5 統合報告をめぐる国内外の動向

(1) 全体像

日本における動向は，「投資家を主な対象として作成されている統合報告書も，2011年の約30社に対し2017年の発行企業数は約400社（内94％が東証一部上場の大企業）と，6年前と比べ格段に増加している。しかしながら，企業の将来価値や戦略と関連付けて各項目を説明できているものはわずかである」（一般財団法人企業活力研究所，2018，4）。一方で，海外に目を向けると，欧州は非財務情報の開示，統合報告において先進国であり，IIRC パイロット・プログラムにも多くの組織が参加している（図表3-3参照）。また，南アフリカでは，

図表3-3 IIRC パイロット・プログラム 2013 参加組織の地域別比率

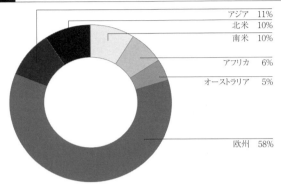

出所：IIRC（2013），11．

　ヨハネスブルグ証券取引所（JSE）に上場している企業は，2010年3月1日以降開始事業年度から統合報告の適用が求められており，適用しない場合はその理由の公表が求められている。

(2) 欧州の動向（EU，EU各国，英国）

　まず，統合報告に関する欧州諸国の動向を以下で紹介したい。統合報告については，英国がEU域内の諸外国を含めて早い対応を進めており，2013年8月に「戦略報告書（IIRCの統合報告と類似）」の作成を義務化しているが，英国以外のEU諸国もその対応を進めており，2017年12月期の「経営者による報告書」から適用が開始されている。

EU	・2014年10月　「非財務情報開示指令（2014/95/EU）」公表。 　　2003年の「EU会計現代化指令」により規定された非財務情報の開示，および2006年に導入されたコーポレート・ガバナンス・ステートメントに関して，非財務情報の開示を強化する内容となっている。 ●最低限，環境，社会，従業員，人権尊重，腐敗防止に関して情報開示を要請 　① ビジネスモデルの概要 　② 対応方針（デューデリジェンス含む） 　③ 方針の実施結果

	④ 事業活動に関係する主要なリスク，その影響およびリスク管理方法 ⑤ 個別事業に関する非財務KPI ●取締役会の多様性に関する方針とその目的に関して情報開示を要請 　年齢，性別，職歴，学歴等
EU各国	・2015年1月～2016年12月　パブリックコンサルテーション期間 ・2016年12月　上記指令を受けて各国で法制化 ・2017年　企業のアニュアルレポートに適用開始
英国	・2013年8月　「戦略報告書」の作成を義務化（「2006年会社法2013年規則」）。 　（IIRCの統合報告と類似）

(3) 米国の動向

米国においても，環境や社会に関連したリスクと機会が企業価値評価に及ぼす影響の重要性は認識されており，問題意識は共通しているもののIIRCとは異なるアプローチにより非財務情報開示への対応が検討されている。

米国内の動向	・サステナビリティ会計基準審議会（以下，SASB）により，上場企業がSECに提出する年次報告書（10K，20F）に含める非財務情報についてセクター別に具体的な基準項目とKPIが開発されている。 ・SECにより承認されることを目指す。 ・2013年7月～2015年9月　ヘルスケア・金融をはじめとして，10セクターの業種別暫定基準を公表。 ・2015年1月　SASBの基準を活用するためのガイダンスを公表。
各国との連携状況	・2014年1月　国際統合報告評議会（IIRC）と覚書締結。 ・SECの元議長2名，FASBの元議長がSASBの理事に就任。 ・2015年4月　ルービン元財務長官がSECによる義務化に言及。

(4) アジアの動向（シンガポール，マレーシア，香港，台湾）

欧州および米国に限らず，統合報告に向けた取組みはアジア諸国でも進んでおり，以下の国々は，日本と同様に「統合報告」への関心は高く，域内の上場企業に非財務情報の開示を義務化する動きもある。

シンガポール	・シンガポール証券取引所は2016年1月5日,"Comply or Explain"(遵守せよ,さもなければ説明せよ)の原則に基づいたサステナビリティ報告書の導入に向けてパブリックコメントを募集すると発表。
マレーシア	・2014年12月にマレーシアがESG指標となる「FTSE4 Good ブルサ・マレーシア指標」を導入。
香港	・香港証券取引所は2015年12月21日,上場規則の中のESG(環境・社会・ガバナンス)報告ガイド(以下,ESGガイド)の内容を変更し,上場企業によるESG情報開示を義務化すると公表。
台湾	・台湾証券取引所は2015年10月19日,「上場会社の企業社会責任(CSR)報告書の作成および申告に関するついての手法」の改訂を公告。本改訂により払込資本50億台湾ドル以上100億台湾ドル未満の上場会社も,2017年度からCSR報告書を作成し,申告することが義務化された。

(5) 日本国内の動向

EDGE基礎研究所運営の「企業価値レポーティング・ラボ」によれば、図表3-4のとおり、2013年12月に国際統合報告フレームワークが公表された後の2014年には100を超える日本企業が統合報告を開示している。公表企業数はその後も着実に増加しており、直近では、2016年度が291社、2017年度は341社

図表3-4 日本企業における自己表明型統合レポート発行企業数の推移

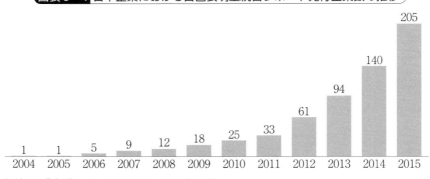

出所:企業価値レポーティング・ラボ(2016)

となっている。341社のうち東証一部上場企業は317社と発行社数増加を牽引している状況である。発行企業数増加の一方で，日本企業が開示している統合報告については，2（1）に記載した点が指摘されている。

「統合報告」は，従来の財務情報のように企業の財務情報に重きを置いた情報開示ではなく，企業側の経営企画部署等をも巻き込んだ全社的な対応が必要となる領域である。しかしながら，「統合報告」の重要性に鑑み，企業報告のあるべき姿を模索するという観点においても，今後の日本企業の動向に引き続き注目が領域であるのは間違いのない点である。

6 おわりに

企業の経営者および投資家に対して中長期的な視点での事業運営および企業価値評価を促すとともに継続的な対話のためのコミュニケーションツールとして統合報告という概念が導入された。統合報告は企業の経営者および投資家との対話に加えて，社会・従業員等に対する企業からの情報発信ツールとして果たす役割も重要であり，社会からの注目が日々増している状況にある。今後の統合報告の動向，特に日本企業の動向に注目していきたい。

●参考文献

IIRC. 2011.「統合報告に向けて　21世紀における価値の伝達」（ディスカッションペーパー・日本公認会計士協会訳）．
IIRC. 2013.「パイロット・プログラム2013年　イヤーブック　和文版」．
IIRC. 2014.「国際統合報告フレームワーク　日本語訳」．
一般財団法人企業活力研究所．2018.「新時代の非財務情報開示のあり方に関する調査研究報告書」（平成30年3月）．
企画価値レポーティング・ラボ（EDGE 基礎研究所運営）．2016.「国内自己表明型統合レポート発行企業リスト（2015年版）」．
企業価値レポーティング・ラボ（EDGE 基礎研究所運営）．2018.「国内自己表明型統合レポート発行企業リスト 2017年版」．
経済産業省．2017.「英国における議論」持続的成長に向けた長期投資研究会（第6回）資料．
東京証券取引所．2018.「コーポレートガバナンス・コード～会社の持続的な成長と中長期的な企業価値の向上のために～」（2018年6月1日）．
日本公認会計士協会．2015a. 経営研究調査会研究報告第55号「統合報告の国際事例研究」．

日本公認会計士協会. 2015b. 経営研究調査会研究報告第59号「長期的視点に立った投資家行動に有用な企業報告〜非財務情報に焦点を当てた検討〜」.

バルーク・レブ，フェン・グー著. 伊藤邦雄監訳. 2018.『会計の再生―21世紀の投資家・経営者のための対話革命』中央経済社.

Black Sun. 2014. Realizing the benefits: The impact of Integrated Reporting. http://integratedreporting.org/wp-content/uploads/2015/07/The-Integrated-Reporting-journey-the-inside-story.pdf.

SASB：https://www.sasb.org/

（加藤　幸平）

第4章 キャッシュ・マネジメント

1 はじめに

　企業活動の目標というと，売上を伸ばすこと，あるいはより多くの利益を計上することが重要であると意識されがちであるが，本章のテーマである資金（以下，「キャッシュ」という）を獲得することもとても重要である。

　その一例として黒字倒産をご存知だろうか。いわゆる黒字倒産とは，企業がいくら利益を計上したとしても，キャッシュ・マネジメント（資金管理）に失敗し，企業にとって必要な資金が不足した結果，仕入債務を決済できない等の理由により，倒産してしまうというものである。なお，ここでいう「キャッシュ」とは，現金ならびに普通預金あるいは当座預金等のように流動性が高く，決済手段として使用されるものをいうこととする。

　本章では，実務家である筆者がこれまでに遭遇した，あるいは今後遭遇しそうなケースを通して，読者にキャッシュおよびそのマネジメントの重要性を再認識していただくことを目的としている。その素材として，ケースではキャッシュ・フロー計算書の読み取り方，その表示の意味，資金繰り表の作成の目的，その方法をとり上げている。本章の目的を達成するためには，読者の側でもそれぞれのケースを検討するにあたって，当事者として，なぜそのように考えたのか，また相談相手にどのように説明したら理解してもらえるのかも考えていただきたい。

　なお，本章においてそれぞれのケースの金額単位は百万円とし，特に断らな

い限り，キャッシュ・フロー計算書等の財務諸表は連結ベースのものを念頭に置いている。また，図表の中の一部において，キャッシュ・フローを「CF」と略している。

2 キャッシュ・フロー計算書の読み取りの重要性

はじめにケース4-1により，キャッシュ・フロー計算書の読み手としての投資者の立場からのキャッシュの重要性を検討しよう。

ケース4-1

あなたは，最近株式投資を始めた兄のAさんから，手元にある財務諸表（以下，一部を抜粋）を見せられ，「この企業（不動産販売業）の株式を買おうと思っているのだけれど，どうかな？」と質問を受けた。

あなたはどのように答えるか。理由を挙げて説明しなさい。

◆貸借対照表

(単位：百万円)

	前連結会計年度	当連結会計年度
(資産の部)		
Ⅰ　流動資産		
棚卸資産	293,001	437,778
(純資産の部)		
純資産合計	103,111	131,517

◆損益計算書

(単位：百万円)

	前連結会計年度	当連結会計年度
Ⅰ　売上高	180,543	243,685
当期純利益	30,039	31,127

◆キャッシュ・フロー計算書　　　　　　　　　　　　（単位：百万円）

	前連結会計年度	当連結会計年度
Ⅰ　営業活動による 　　キャッシュ・フロー		
棚卸資産の増減額	△99,439	△138,065
営業活動による キャッシュ・フロー	△55,033	△100,019
財務活動による キャッシュ・フロー	83,210	89,212

　あなたはどのよう考えただろうか。損益計算書や貸借対照表の知識がある読者は，当期に売上高も当期純利益も増加しているし，純資産も増加している。この企業（以下，「B社」という）なら大丈夫だと考えて，この株式は買った方がよいと判断したかもしれない。

　結論を先に述べると，B社は翌連結会計年度に民事再生手続きが開始され，上場廃止となり，事実上倒産してしまったのである。したがって，B社の株式は買わない方がよいということになる。倒産の原因としては様々なものがあると考えられるが，ここでは一般の投資者が入手できる情報，すなわちケース4-1の財務情報に基づいて検討してみよう。

　まず気づいて欲しいのは，キャッシュ・フロー計算書の「営業活動によるキャッシュ・フロー」のマイナス，前連結会計年度55,033百万円，当連結会計年度100,019百万円である。通常，いわゆる社歴の長い企業は，キャッシュ・フロー計算書の「営業活動によるキャッシュ・フロー」はプラスであることが多い。そして営業活動で稼いだキャッシュを設備投資に回したり，借入の返済に充てることなどが多いと考えられる。しかし，B社は「営業活動によるキャッシュ・フロー」がマイナス，特に「棚卸資産の増減額」として前連結会計年度99,439百万円，当連結会計年度138,065百万円と巨額のマイナスを計上している。それを補塡するために借入や社債の発行等による財務活動によって，前連結会計年度83,210百万円，当連結会計年度89,212百万円の資金を確保しているとい

う危い経営状況にあることが読み取れる。このことは，貸借対照表においても，「棚卸資産」が当連結会計年度に144,777百万円増加していることにも表れているが，キャッシュ・フロー計算書ではそれがより明確になっている。つまり，B社は棚卸資産として多額の不動産を取得したが，予定通りに販売できず，そのために逼迫した資金繰りを借入等で凌いでいたのではないか。さらに，いったん金融機関等による追加の融資が滞った場合，経営危機に直面するのではないかとも考えられる経営状況であることが推測される。なお，キャッシュ・フロー計算書の「棚卸資産の増減額」は△138,065百万円であり，貸借対照表の「棚卸資産」の増加144,777百万円と異なっている。開示された情報から直接の原因は不明であるが，連結財務諸表であることから，さまざまな要因が考えられる。

このようにキャッシュ・フロー計算書の「棚卸資産の増減額」の異常性に気がつけば，B社の経営状態の判断には注意が必要であり，株式の取得は見合わせた方が良いと判断できたのである。もっとも，一般的に財務諸表のうち，貸借対照表および損益計算書の重要性は認識されているが，キャッシュ・フロー計算書は理解が難しいこともあり，その重要性が認識されているとまではいえないのではないだろうか。

そこで，なぜキャッシュ・フロー計算書を理解することが難しいのか，次のケースを通して考えてみよう。

3 キャッシュ・フロー計算書の表示

> **ケース4-2**
>
> あなたは，IPO（株式公開）を予定している企業の経理部の新人Cさんから，キャッシュ・フロー計算書の「営業活動によるキャッシュ・フロー」の区分を見て，「どうして以下の項目が書かれているのですか？ また，私が知っている減価償却費は費用だと思いますが，なぜプラスの表示がされているのですか？」と質問を受けた。
>
> あなたはどのように答えるか。理由を挙げて説明しなさい。

なお，キャッシュ・フロー計算書の数値は任意のものである。
(1) 減価償却費
(2) 投資有価証券売却益
(3) 売上債権の増減額
(4) 貸倒引当金の増減額

◆キャッシュ・フロー計算書　　　　　　　　　　　（単位：百万円）

	前連結会計年度	当連結会計年度
Ⅰ　営業活動による 　　キャッシュ・フロー		
税金等調整前 当期純利益	400,910	420,313
減価償却費	7,439	8,065
投資有価証券売却益	―	△2,019
売上債権の増減額 （増加は△）	3,210	△9,212
貸倒引当金の増減額 （減少は△）	△55	123
小　　　　計	388,563	405,689

　会計の知識を持っている経理担当者でも，キャッシュ・フロー計算書は理解することが難しいという話を耳にすることがある。企業のキャッシュ・フローを捕捉しようとするキャッシュ・フロー計算書は，まさしく現金主義で認識されるものであり，理解はそれほど難しいものではないとも考えられるが，発生主義の会計処理に慣れている人にとっては，却って理解が難しいのかもしれない。このような人に対して，いわゆる「お小遣い帳」をイメージするとよいとアドバイスすることがある。もう少し具体的にいうと，父親から毎月末にお小遣いをもらっている子供をイメージして欲しい。ある時たまたま父親の帰りが

遅く,お小遣いがもらえなかったとする。その子は「お小遣い帳」の月末の欄に,もらえるはずだったお小遣いのことを記載するだろうか。お小遣いをもらった翌日である翌月の欄にそのことを記載するはずであり,お小遣いというキャッシュの流れを掴むには,その方が適切であるといえる。

これと同様に,キャッシュ・フロー計算書についても,企業の現金(および現金同等物)の出入りに関して,その原因と金額を記載するものと考えれば,少しは理解しやすくなるのではないだろうか。

また,キャッシュ・フロー計算書が理解しにくいといわれる別の理由として,このケースのように,間接法による「営業活動によるキャッシュ・フロー」が,「税金等調整前当期純利益」に「非資金損益項目」,「営業活動に係る資産および負債の増減」,「投資活動によるキャッシュ・フローおよび財務活動によるキャッシュ・フローの区分に含まれる損益項目」を加減して表示する方法(以下,「間接法」という)で作成されていることがあると考えられる。間接法による「営業活動によるキャッシュ・フロー」を上記の区分で整理すると,**図表4-1**のようになる。

図表4-1　営業活動によるキャッシュ・フローの表示

Ⅰ　営業活動によるキャッシュ・フロー	
税金等調整前当期純利益	×× ×
非資金収益	△×× ×
非資金費用	×× ×
投資活動および財務活動に係る収益	△×× ×
投資活動および財務活動に係る費用	×× ×
営業活動に係る資産の増加額	△×× ×
営業活動に係る資産の減少額	×× ×
営業活動に係る負債の増加額	×× ×
営業活動に係る負債の減少額	△×× ×
小　　　　計	×× ×
利息および配当金の受取額	×× ×
利息の支払額	△×× ×
法人税等の支払額	△×× ×
営業活動によるキャッシュ・フロー	×× ×

現在，作成の容易さ等の理由により，ほとんどの上場企業で，キャッシュ・フロー計算書の「営業活動によるキャッシュ・フロー」は間接法で作成され，開示されている。Cさんのようにキャッシュ・フロー計算書に不慣れであると，「税金等調整前当期純利益」からスタートして，「非資金項目」の調整等種々の調整がなぜ必要なのか理解できないことは十分に考えられる。

そこで，間接法による「税金等調整前当期純利益」から「本来の意味での営業キャッシュ・フロー」への調整の流れが理解しやすいように，間接法における調整のイメージを図示すると**図表4-2**のようになる。

図表4-2 間接法による調整のイメージ

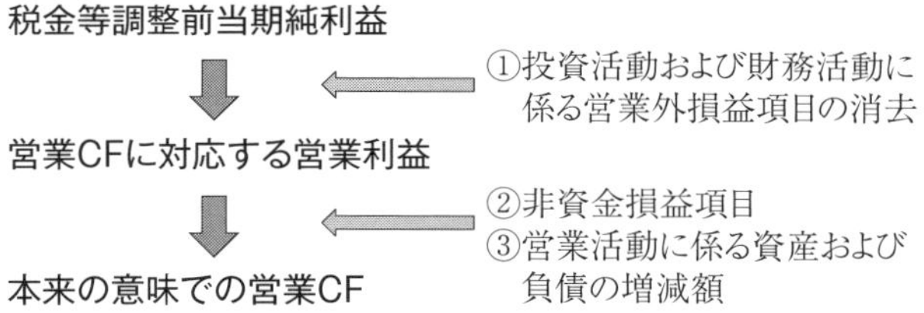

税金等調整前当期純利益
　↓　← ①投資活動および財務活動に係る営業外損益項目の消去
営業CFに対応する営業利益
　↓　← ②非資金損益項目
　　　　③営業活動に係る資産および負債の増減額
本来の意味での営業CF

また，これを損益計算書とキャッシュ・フロー計算書を使って示すと，**図表4-3**のようになる。

図表4-3 損益計算書とキャッシュ・フロー計算書の関係

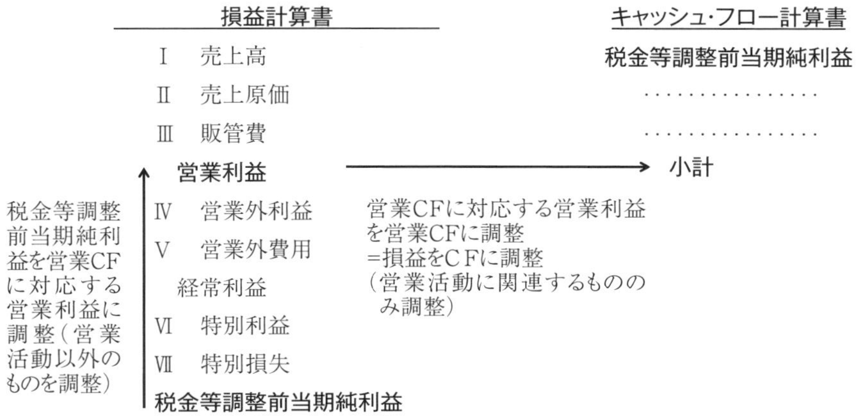

	損益計算書		キャッシュ・フロー計算書
	Ⅰ 売上高		税金等調整前当期純利益
	Ⅱ 売上原価		・・・・・・・・・・・
	Ⅲ 販管費		・・・・・・・・・・・
	営業利益	→	小計
税金等調整前当期純利益を営業CFに対応する営業利益に調整（営業活動以外のものを調整）	Ⅳ 営業外利益 Ⅴ 営業外費用 経常利益 Ⅵ 特別利益 Ⅶ 特別損失 税金等調整前当期純利益	営業CFに対応する営業利益を営業CFに調整 ＝損益をCFに調整 （営業活動に関連するもののみ調整）	

これは，発生主義で作成される損益計算書項目である「税金等調整前当期純利益」からスタートし，現金主義で作成される「本来の意味での営業キャッシュ・フロー」への調整のプロセスと考えることができる。

それでは，今回のケースのCさんの質問を1つずつ考えてみよう。

(1) 減価償却費

減価償却費は，損益に影響を与えるが，キャッシュ・フローには影響を与えないことから，先ほどの調整項目のうち，②「非資金損益項目」に該当する。そのため，「営業キャッシュ・フローに対応する営業利益」から「本来の意味での営業キャッシュ・フロー」にするために，「税金等調整前当期純利益」にプラスして，その影響を取り除く調整が必要になる。

また，損益計算書とキャッシュ・フロー計算書の関係を図示すると**図表4－4**のようになる。なお，ケースに関係しない金額は任意のものである。

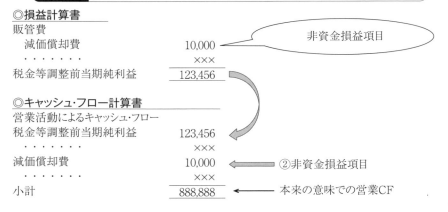

図表4－4 減価償却費に係る損益計算書とキャッシュ・フロー計算書の関係

(2) 投資有価証券売却益

次に，投資有価証券売却益について考えてみよう。投資有価証券の売却は金融機関等を除くほとんどの企業で営業活動とは考えられないため，そもそも営業活動に含まれない。そのため，先ほどの調整項目のうち，①「投資活動によるキャッシュ・フローおよび財務活動によるキャッシュ・フローの区分に含ま

れる損益項目」に該当する。そこで、「税金等調整前当期純利益」から「営業キャッシュ・フローに対応する営業利益」するために、その影響を取り除く方法として、「税金等調整前当期純利益」にマイナスする調整が必要になる。すなわち、先ほどの減価償却費とは異なる理由により、損益計算書で計上されているプラス・マイナスとは反対の調整を行う必要がある。

これについても、損益計算書とキャッシュ・フロー計算書の関係を図示すると**図表4-5**のようになる。なお、ケースに関係しない金額は任意のものである。

図表4-5 投資有価証券売却益に係る損益計算書とキャッシュ・フロー計算書の関係

◎損益計算書
特別利益
　　投資有価証券売却益　　　　100　　　　← 投資活動に関する利益
　・・・・・・・　　　　　　　　×××
税金等調整前当期純利益　　　123,456

◎キャッシュ・フロー計算書
営業活動によるキャッシュ・フロー
税金等調整前当期純利益　　　123,456
　・・・・・・・　　　　　　　　×××
投資有価証券売却益　　　　△100　　← ①投資活動および財務活動に係る損益項目の消去
　・・・・・・・　　　　　　　　×××
小計　　　　　　　　　　　888,888　← 本来の意味での営業CF

(3) 売上債権の増減額

売上債権の増減額は、なぜ「本来の意味での営業キャッシュ・フロー」にするための調整として必要なのだろうか。まず、売上債権の増減が③「営業活動に係る資産および負債の増減」に該当するのではないかということを思いつくことはできるだろう。そうだとすると、先に述べた減価償却費、投資有価証券売却益とは異なる理由のために調整が必要になるだろうという当たりはつけられそうである。もっとも、なぜ「営業キャッシュ・フローに対応する営業利益」から「本来の意味での営業キャッシュ・フロー」にするための調整が必要か正確に理解しようとすると、若干会計の知識が必要になる。

① ケースA

　たとえば、売上高500、そのうち現金による売上高200、残りは掛けによる売上高300とする。また、売掛金（以下、「売上債権」という）の期首残高100、当期発生額300（掛けによる売上高）、当期に回収した売上債権100、期末残高300とする。「税金等調整前当期純利益」には売上高500が含まれており、これを売上に関するキャッシュ・フロー300（現金による売上高200および当期に回収した売上債権100）に調整する必要性は、**図表4－6**のような勘定の流れを理解する必要がある。

図表4－6　売上債権の調整A

売　　上		売　上　債　権	
P/L売上高 500	売上債権 300	期首　100	期末　300
	現金売上 200	売　上 300	当期回収 100

要調整額 △200　キャッシュ・フロー計算書で調整

間接法はここからスタート

現金および現金同等物：現金売上200／当期回収100

当期キャッシュ・フロー増加額 300

　このように、売上債権の総額は当期発生300と期首残高100で構成されるが、そのうち100が回収され、期末残高300となる。そのため、実際に回収した売上債権にするため、売上債権の当期発生額300と当期回収額100の差額として、売上債権の増加額200を減少させる調整をしなければならないことが理解できるだろう。

　これを計算式で表すと、次のようになる。

500（P/L売上高）－200（売上債権の要調整額）＝300（当期CFの増加）

　また、損益計算書とキャッシュ・フロー計算書の関係を図示すると**図表4－7**のようになる。なお、ケースに関係しない金額は任意のものである。

図表4-7 売上債権に係る損益計算書とキャッシュ・フロー計算書の関係A

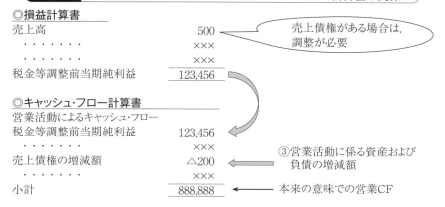

② ケースB

さらに、これとは異なるパターン、売上高500、そのうち現金による売上高200、残りは掛けによる売上高300とする。売上債権の期首残高200、当期発生額300（掛けによる売上高）、期末残高100、当期に回収した売上債権400とする。これも「税金等調整前当期純利益」には売上高500が含まれており、これを売上に関するキャッシュ・フロー600（現金による売上高200および当期に回収した売上債権400）に調整するために、以下のように勘定の流れを使って考えてみよう。

この場合、売上債権の総額は当期発生した300と期首残高200で構成されているが、そのうち400が回収され、期末残高100となる。実際に回収した売上債権を認識するには、売上債権の当期発生額300と当期回収額400の差額を、売上債権の減少額100として増加させる調整をしなければならないことが理解できるだろう（**図表4-8**）。

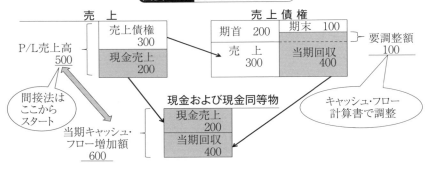

これを計算式で表すと、次のようになる。

500（P/L売上高）＋100（売上債権の要調整額）＝600（当期CFの増加）

これについて、損益計算書とキャッシュ・フロー計算書の関係を図示すると図表4-9のようになる。なお、ケースに関係しない金額は任意のものである。

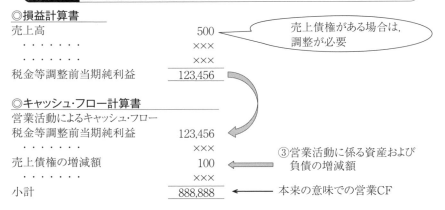

(4) 貸倒引当金の増減額

最後に、貸倒引当金の増減額は、なぜ「本来の意味での営業キャッシュ・フロー」にするための調整が必要なのだろうか。まず、「貸倒引当金」は、売上債権の評価勘定といわれていることからもわかるように、③「営業活動に係る

資産および負債の増減」に該当することは理解できるだろう。そして，実務で起こりうることとして，売上債権の貸倒れが発生することを考慮しなければならないとすると，先に説明した（3）「売上債権の増減額」を検討することからさらに，「本来の意味での営業キャッシュ・フロー」にするためにどのような調整が必要になるのか考えてみよう。

まず，簡単な例として当期発生した売上債権の一部が当期に貸し倒れた場合を検討してみよう。たとえば，売上高500，そのうち現金による売上高200，残りは掛けによる売上高300とする。また，売上債権の期首残高100，当期発生額300（掛けによる売上高），期末残高が200，当期に発生した売上債権50が貸倒れ，回収した売上債権は150とする。「税金等調整前当期純利益」には売上高500が含まれており，貸倒損失50も含まれている。これを売上に関するキャッシュ・フロー350（現金による売上高200および当期に回収した売上債権150）に調整するプロセスを，図表4－10のように勘定の流れを使って検討してみよう。

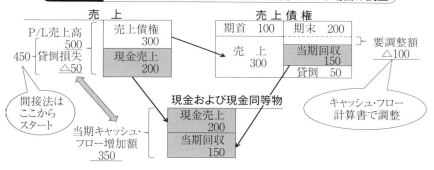

図表4－10 売上債権の貸倒（当期発生売上債権）がある場合の調整

売上債権の総額は当期発生した300と期首残高100で構成され，そのうち50が貸倒れ，150が回収，期末残高200とする。貸倒れにより消滅した売上債権50は，貸倒損失50として「税金等調整前当期純利益」にすでに含まれているため，特に調整する必要はなく，売上債権の期首と期末残高の差額を調整すればよいことになる。すなわち，売上債権の当期発生額のうち，貸倒れを除く実質的な当期発生額250（300-50）を当期回収額150に調整するため，売上債権の増加額100として減少させる調整が必要になる。

これを計算式で表すと，次のようになる。

450（P/L売上高 − 貸倒損失）− 100（売上債権の要調整額）= 350（当期CFの増加）

次に，前期以前から「貸倒引当金」を計上し，前期に発生した売上債権が当期に貸倒れた場合を考えてみよう。たとえば，勘定の流れが理解しやすいように，すべてが掛けによる売上とする。売掛金である売上債権の総額は当期発生した500と期首残高100で構成され，当期に前期の売上債権50が貸倒れ，回収した売上債権350，期末残高200とする。また，貸倒引当金の期首残高50，当期貸倒引当金繰入額100，当期末残高100とする。「税金等調整前当期純利益」には売上高500が含まれており，貸倒引当金繰入額100も含まれている。これを売上に関するキャッシュ・フロー 350（当期に回収した売上債権350）に調整するプロセスについて，**図表 4 − 11** のように勘定の流れで考えてみよう。

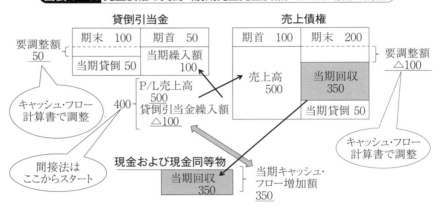

売上債権の総額は当期発生した500と期首残高100で構成され，50が貸倒れ，350が回収され，期末残高200となる。貸倒れた50は，貸倒引当金の減少50として「貸倒引当金」勘定に計上されている。そして，「貸倒引当金」勘定に注目すると，総額は期首残高50，貸倒引当金繰入額100で構成されており，当期貸倒れで消滅した50，期末残高100とする。売上高500および貸倒引当金繰入額100は税金等調整前当期純利益に含まれており，「営業キャッシュ・フローに対

応する営業利益」から「本来の意味での営業キャッシュ・フロー」にするため，売上債権の期首と期末残高の差額および貸倒引当金の期首と期末残高の差額を調整する必要がある。

すなわち，売上債権の当期発生額のうち，貸倒れを除く実質的な当期発生額450（500-50）を当期回収額350にするために，売上債権の増加額100として減少させる調整が必要になる。また，「税金等調整前当期純利益」に含まれている貸倒引当金繰入額100を実際の貸倒れ50に調整するため，貸倒引当金の増加額50として増加させる調整が必要になる。

これを計算式で表すと，次のようになる。

400（P/L 売上高－貸倒引当金繰入額）－100（売上債権の要調整額）
　＋50（貸倒引当金の要調整額）＝350（当期 CF の増加）

損益計算書とキャッシュ・フロー計算書の関係を図示すると**図表4-12**のようになる。なお，ケースに関係しない金額は任意のものである。

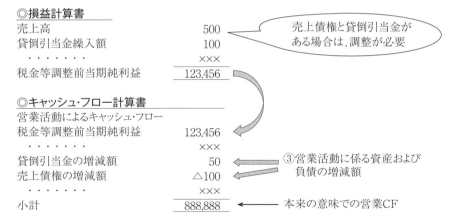

図表4-12 貸倒引当金の増減額に係る損益計算書とキャッシュ・フロー計算書の関係

以上のように間接法で表示されている種々の項目として，なぜそのような調整が必要なのか，理由を1つずつ丁寧に考えてみると，「営業活動によるキャッシュ・フロー」のそれぞれの項目が何を表しているか理解しやすくなるのではないだろうか。一方，「資産の増加だから営業キャッシュ・フローにするために，

間接法ではマイナスにすればよい」というように，結論のみを記憶していると，少し込み入った取引になると処理の仕方がわからないということになるし，今回のケースのように新人のCさんに説明することも難しいと思われる。そこで，読者の皆さんにはケース4-1で検討した「棚卸資産の増減額」について，なぜこの調整が必要なのか，ぜひ考えてみて欲しい。これについては，「税金等調整前当期純利益」に含まれている費用科目が「売上原価」であり，現金仕入あるいは仕入債務の増減だけで構成されているのではないということをヒントにしてみると良いだろう。

それでは次に，キャッシュ・フロー計算書の基になる資金の管理（以降，一般的な用語に合わせ，キャッシュを「資金」という）について，実務で広く使われている資金繰り表について考えてみよう。

4　資金繰り表の作成と目的

> **ケース4-3**
> (1) あなたは，財務部に異動した友人のDさんから，「今度，会社で資金管理を任せられたんだけれど，資金繰り表はどのように作成すれば良いのかな？　また，前任者のときは問題が無かったようなんだけれど，どのような点に気をつければ良いんだろうか？」と質問を受けた。あなたはどのように答えるか。理由を挙げて説明しなさい。
> (2) あなたは，起業した友人Eさんから，「会社を始めたんだけれど，資金繰りが心配なんだ。どこに注意すれば良いのかな？」と質問を受けた。
>   あなたはどのように答えるか。理由を挙げて説明しなさい。

(1)のDさんは，資金繰り表自体に慣れていないようである。資金繰り表は，一般的に1事業年度あるいは半期の資金の出入りを管理するために，作成される資料である。記載内容は，月初あるいは期首の現預金残高に，経営計画（予算）に基づいた営業収入，その他収入，営業支出，その他支出，財務活動による収入，支出等を増減させて，各月の月末の現預金残高を集計し，翌月の月初の現預金残高として繰り越すものであり，具体的には**図表4-13**のようになる。な

お，読者が理解しやすいよう±，丸数字，矢印を記載しているが，通常の資金繰り表には記載されないので注意して欲しい。また項目は，企業の実情に合わせて増減したり，あるいはより詳細に設定したりすることもある。

図表4-13 資金繰り表のしくみ

資金繰り表

月初あるいは期首現預金残高		①	②	③	④	⑤
営業収入	＋					
その他収入	＋					
営業支出	－					
その他支出	－					
財務活動による収入	＋					
財務活動による支出	－					
月末あるいは期末現預金残高		②	③	④	⑤	⑥

また，資金繰り表の使い方として，営業収支の結果，どの程度現金過不足額が生じるのかを明らかにし，その過不足額を資金の運用あるいは借入等の財務的措置によってどのように最適化するのかを把握するのに利用される。適切な資金繰り表が作成されれば，急に資金が不足するといった事態を避けられるだけでなく，余剰資金を運用することが可能になり，利息や配当金収入などにより収益の獲得に貢献することもできる。

そうだとしても，ケースのように記入前の資金繰り表を渡されて，「資金繰り表を明日までに作成しておいてください」といわれたとすると，途方に暮れる読者もいるのではないだろうか。そこで，まず（1）Dさんの質問に対する答えを検討していく中から，資金繰り表の作成のポイントを考えてみよう。

資金繰り表の作成上の留意点は，一般的に以下のようなものが挙げられる。

① 資金の収入，支出のタイミングに注意すること

　企業活動においては，支出が収入に先行することが多い。この資金循環の周期の違いにより，支出の時期と収入の時期が異なることがあり，資金の過不足の状態が生じるおそれがある。

② 売上と仕入にミスマッチがあること

　売上は期間ごとに大きく変動する可能性があるが，仕入は生産活動等との関係で，通常それに合わせて増減させられないことが多い。そのため，資金の過不足が生ずるおそれがある。

③ 不測の災害等により大きな損失を被るおそれがあること

　想定していない災害や大規模な事故により，営業活動が停止し，収入の機会を失ったり，設備の復旧等のため多額の支出が必要になることがある。長期間の営業活動の停止，棚卸資産の消失，生産設備の故障など，一時的あるいは長期間にわたって資金不足の状態を招くことがある。

次に，(2) 新規に会社を設立したEさんの場合，さらに留意したいことは以下のとおりである。

① 新規に会社を設立し企業活動の規模が拡大することにより，資金不足が生じやすいこと

　企業活動の規模が拡大し売上が増加した場合，仕入等が増加し，棚卸資産も増加する。また売上が増加すれば，一般的に売上債権も増加する。このように企業規模の拡大は一時的であるが，流動資産の増加により資金不足の事態を招くことがある。生産設備の拡張を伴うときには，より多額の資金を必要とする。また，企業活動の規模の拡大が継続すると，資金不足の状態も継続することがある。

② 開業時には支払が先行すること

　事業開始にあたり，事務所や店舗の賃借料，雇用した従業員の人件費等の支出が発生し，これらの支出は通常売上による収入に先行する。売上の収入が安定するまで資金繰りは特に厳しくなりやすいことから，資金不足が生じないよう資金管理に注意が必要である。

　皆さんはどれだけ挙げられただろうか。実務で携わったことのない読者にはイメージするのが難しかったかもしれないが，実務に精通している人はもっと

多くの要因を挙げられたかもしれない。

なお，以上の留意点を整理すると，次の3つに大別することができる。

> ① 通常の企業活動による資金収支のタイミングの違いへの対応
> ② 企業規模の拡張または成長による資金需要への対応
> ③ 不確定な要因による一時的な資金不足への対応

また，適切な資金繰り表を作成するためには，実際の企業活動を正確に把握しなければならないことから，適切な経営計画に基づいて作成することが必要だとわかる。

ここでさらに経営計画にも少し触れておこう。一般的に企業活動は経営計画によってコントロールされるべきであるといわれ，多くの企業で何等かの経営計画が作成されている。経営計画は対象期間の長短により，以下のように分類される。

> ① **長期計画**（5年～10年または10年以上）
>   5年，10年かけて取り組まなければならない企業目標の設定と達成のための方策を計画するものであり，経営構造の変化を含むものである。
> ② **中期計画**（3年～5年）
>   長期計画と短期計画（予算）との間に位置し，長期計画をブレイク・ダウンし，短期計画（予算）の基になるものである。
> ③ **短期計画**（6ヵ月～1年）
>   具体的な業務執行の内容，達成すべき目標管理としての予算として作成されるものである。

長期計画あるいは中期計画から短期計画（予算）という流れで経営計画が適切に作成されていれば，企業活動をある程度正確に予測することができるようになり，資金繰り表による資金管理が行いやすくなる。また，いわゆるPDCAサイクルによる企業活動のチェックが適切に行われるようになるというメリットもある。このケースの回答として，あなたがDさんやEさんにここまで説明できれば，きっと納得してもらえるだろう。

5 おわりに

　企業は「営利」を追求するものである。そして，「営利」とは，有限な経営資源を使って効率よく資金（キャッシュ）を稼ぎ出せるかということであり，これがビジネスの目的ではないかとも考えられる。そのため，読者の皆さんが会計上の数値だけではなく，資金（キャッシュ）そのものの重要性およびその管理の方法にも関心を持ってもらえれば，ビジネスの息遣いやダイナミズムをより感じてもらえるのではないだろうか。皆さんがそのように感じられれば，筆者の本章の目的は達成されたと考えている。

●**参考文献**

鎌田信夫．2017．『キャッシュフロー会計の軌跡』森山書店．
神谷蒔生・森田栄一．1994．『経営計画の立て方』日本経済新聞社．
監査法人コスモス．2016．「簿記会計セミナー　キャッシュ・フロー計算書」．（セミナー資料）
佐藤倫正・向伊知郎編．2014．『ズバッとわかる会計学』同文舘出版．
染谷恭次郎．1999．『キャッシュ・フロー会計論』中央経済社．

（伊藤　孝次）

第5章 IFRSへの収斂

1 はじめに

(1) 本章の課題

　本章では，欧州において国際財務報告基準（IFRS）の開発および欧州でIFRSが採用された経緯から始め，ほぼ同時並行で米国および日本において起こった会計基準のIFRSへの収斂に対する動向を，関連する背景事象を含めてとりまとめている。これらの動向から，①会計基準のIFRSへの収斂はなぜ必要であったのか，②会計基準および会計基準設定主体に求められる要件とは何か，③欧州，米国，日本においてIFRSへの収斂はどのような経過をたどったのかを理解することが本章の課題である。

(2) 参考文献等

　本章のテーマに関しては多くの書籍や論文が発表されているが，特に平松・辻山（2014）および杉本（2017）は，IFRSへの収斂の歴史的動向を詳しく記述している。また，日本公認会計士協会（JICPA）はウェブサイト上に「わが国のIFRSの取組み」というタイトルで，関連する国際的動向を含め，わが国の対応を説明している。本章の記述にあたっても，これらを参考とした。

　会計基準設定主体である国際会計基準審議会（IASB），米国の財務会計基準審議会（FASB），日本の企業会計基準委員会（ASBJ）はそれぞれウェブサイ

トにおいて基準ならびに基準開発に関連する情報（公開草案等）を公表している（各ウェブサイトの URL は本章末尾参照）。

2 IFRS 開発の経緯と欧州における IFRS 導入

(1) IASC による基準開発

会計基準の国際化の動きは1970年代まで遡る。当初日本を含む13ヵ国の会計士団体により1973年に設立された国際会計基準委員会（IASC）が最初の国際会計基準（IAS）第1号会計方針の開示を公表したのは1975年であった（IASC, 1975）。その後 IASC は加盟国を増やしながら国際会計基準の開発を進めていった。1987年9月発行の基準書によれば，IAS.1から IAS.26まで25テーマの基準が掲載されている。この時点において IASC のメンバーは約70ヵ国の職業会計士団体となっている。なお，世界の職業会計士団体は1977年に国際会計士連盟（IFAC）を設立し，1981年には IASC と IFAC との間で，会計基準の設定および国際会計問題に関する討議資料の公表に関しては，IASC が完全な自主性を有することが合意されている（IASC, 1987, 11-12）。

IASC は1987年に既存の IAS の改善プロジェクトを開始し，その第1ステージとして公開草案 E32,『財務諸表の比較可能性』を公表した。E32に対して寄せられたコメントを検討のうえ，IASC は1990年に趣意書（Statement of Intent）として公表した（IASC, 1991-92, 13-19）。

> **E32の内容**（翻訳は平松・辻山, 2014による）
> ・E32の目的は
> (a) 類似する取引および事象に関する自由な選択としてある場合には，1つの会計処理を除き他の全部を除去すること
> (b) 異なる状況において適用しなければならない異なる会計処理としてある場合には，適切な会計処理が採用されることを確かめることである。
> ・1つ以上の会計処理を残す必要があるような場合においては，1つの処理を「優先処理（preferred treatment）」として，また，その他の処理を「認められる代替処理（allowed alternative treatment）」として識別した。

趣意書の中では，IASCはE32で提案した29件の事項のうち，21件については，実質的な変更なしに修正版IASに組み込み，3件については実質的な変更が必要であるため，再度公開草案を公表し，5件についての再検討は将来の作業に向けて保留とするとしていた。

(2) IOSCOの動きとIASCの対応

証券監督者国際機構（IOSCO）は，世界各国・地域の証券監督当局や証券取引所から構成されている国際的な機関であり，以下の3つを目的としている（金融庁国際関係情報 https://www.fsa.go.jp/inter/ios/ios_menu.html より）。

---
① 投資家を保護し，公正かつ効率的で透明性の高い市場を維持し，システミックリスクに対処することを目的として，国際的に認識され，一貫した規制・監督・執行に関する基準の適切な遵守を確保し促進するために，協力すること。
② 不公正行為に対する法執行や，市場・市場仲介者への監督に関する強化された情報交換・協力を通じて，投資家保護を強化し，証券市場の公正性に対する投資家の信頼を高めること。
③ 市場の発展への支援，市場インフラストラクチャーの強化，適切な規制の実施のために，国際的に，また地域内で，各々の経験に関する情報を交換すること。

IOSCOは投資家保護の目的から，IASCの活動にも注目しており，IASCの諮問グループに参加している（IASC.1990.10）。

IOSCOは1993年に40のトピックスからなるコア・スタンダードの一覧を提示した。これは，クロスボーダーで行われる資金調達の際に利用される財務諸表の作成基準として必要なトピックスを網羅したものである。IASCはコア・スタンダードの完成に向けてワークプランを策定した1995年に，IOSCOの技術委員会は，現状のIASCのワークプランの完了は，IASが包括的なコア・スタンダードを構成することを意味すると合意した（IASC, 1996, 13）。

コア・スタンダードの開発はその後約5年を要し，2000年に完成した。IOSCOは2000年5月に報告書を発表した。この報告書でIOSCOは次のように述べている（IOSCO, 2000, 2）。

> - 著しい成長を示す資本市場においてクロスボーダーの募集・登録は多国籍企業が利用できる国際的に認められた高品質な会計基準によって，促進される。したがって，IOSCO は IASC がコア・スタンダード・ワーク・プログラムによって完全な基準のセットを開発することに協働した。
> - IOSCO は IASC の30の基準と関連する解釈指針をクロスボーダーの募集・登録に利用するにふさわしいかを分析した。
> - IOSCO 総会は IASC が世界的に財務報告の水準を高める努力と貢献に賛辞を贈る。IASC は国際会計基準を効果的で著しく向上させることに成功した。
> - したがって，総会は IOSCO メンバーに対し，今後クロスボーダーな募集・登録を行おうとする企業に2000年版 IASC の国際会計基準の適用を認めるよう，勧告する。

このことが，以下に述べる EU での IFRS 導入とも相まって，会計基準の IFRS への収斂に弾みをつけたものといえるであろう。

(3) IASC の組織改革

IASC は基準開発と並行し，1997年に戦略作業部会を組成し，コア・スタンダードの完成後の各国基準とのコンバージェンスを進めるため，IASC 自身の戦略および構造の検討を始めた。

IASC は前述のように各国の職業会計士団体が設立し，メンバーを構成していたが，その組織の問題として，①独立性の欠如，②デュー・プロセスの不十分さ，③会計基準を設定する上での専門能力の不足，および④大きすぎる規模，の4点が指摘された（大石，2014，166）。当時，米国 FASB を中心として，G4＋1という非公式の会計基準を調査・提言するグループが活動し，経済環境に対応して，会計基準の問題についての提言を行っていた。IASC の組織改革へのプレッシャーとして大きな影響を及ぼしたのは1998年に FASB が公表した報告書（FASB，1998）である。FASB はこの中で，FASB の目標である高品質な会計基準と国際的なコンバージェンスを実現する手段として，高品質な会計基準設定主体の創設が不可欠であり，それは8つの本質的機能（リーダーシップ，革新，妥当性，反応性，客観性，受容性および信頼性，理解可能性，説明責任）

を有していなければならず，このような会計基準設定主体の創設は，①構造変革を果たしたIASCが引き継ぐ，②G4＋1が基礎となる，③FASBが変革し，より国際的に受け入れられるようにする，の可能性があると述べている。これによりIASCは引き続き国際会計基準の設定主体であり続けるためには抜本的な組織改革を求められることとなる。

検討過程において，特に問題となったのは，基準設定機関の人数および最終決定のプロセスである（大石，2014, 165-168）。まず，人数に関しては，大陸欧州各国はより大きなボード・メンバーを主張し，G4メンバーはより少ない専門性あるメンバーを主張した。これについては，最終結論に至るまで難航していたが，米国SECがより少ないボード・メンバーでなければ承認しないとの意見が大きく影響し，最終的には14人で決着した。一方，最終決定プロセスについても，当初案は基準設定主体の上位に理事会を設ける案であった（IASC, 1998, 12-15）が，より迅速な決定ができるよう，単一機関による決定プロセスを採用することとなった（IASC, 1999）。

組織改革に伴う定款変更案は，2000年3月の理事会で承認され，同年5月の総会承認を経て，正式に新たな組織に移行することとなった。

新定款の内容（IASC, 2000）

IASCの目的

(a) 世界の資本市場の参加者が意思決定を行うのに資するような高品質の，透明で比較可能な財務情報に必要な，高品質で理解しやすく，利用しやすい一組のグローバルな会計基準を作ること

(b) その会計基準の利用と正確な適用を促進すること

(c) 各国会計基準と国際会計基準とのコンバージェンスをもたらすこと

理事会

- 理事会メンバーは14名でうち12名はフルタイムであること
- メンバーのうち少なくとも5人は監査人，3名は財務諸表作成者，3名は財務諸表利用者，1名は学者であること
- フルタイムの7名のメンバーはリエゾンとして各国基準設定主体と，会計基準のコンバージェンスの促進に当たること

新定款は2001年1月に発効し，新理事会の名称は国際会計基準審議会（IASB）

に改められた。

また，同年4月に開催された第1回理事会では，2001年4月1日現在で存在しているIASとSICは，今後IASBが変更を行うまで従来同様国際会計基準として有効であることが承認された。さらに評議会の承認により，今後IASBが設定する基準の名称は，「国際財務報告基準（IFRS）」とされた。

(4) 欧州におけるIFRSの導入

1992年2月，欧州諸国間でマーストリヒト条約が調印され，翌年3月に発効した。これに基づき欧州連合（EU）が設立され，地理的・政治的・経済的統合に向けての合意が順次形成されることとなる。特に経済においては，人・物・資本・サービスの自由な移動を認めることで巨大な経済圏を実現することとなる。資本市場においても欧州各国の株式市場が相互に証券の上場や，投資家の投資受入を可能とし，単一のEU市場として機能することが期待された。

この動きの中で，IFRSの導入が検討されることとなる。

2000年6月にEU財務報告戦略（EU, 2000）が公表され，2005年までにEU市場に上場する企業にIFRS（公表当時はIAS）適用を要求するとの方針が示された。この方針は2002年7月の欧州指令により規定化された（EU, 2002）。

なお，この指令においては，国際会計基準を適用する条件として，当該基準が経済的意思決定や経営者の受託責任の評価に必要な財務諸表において，理解可能性，妥当性，信頼性，比較可能性という要件を満たすこととしていた。

(5) 会計基準の同等性評価

欧州市場におけるIFRSの義務化に関しては，欧州以外の企業の欧州市場における取扱いが問題となった。それまで，米国，カナダ，日本の企業に関しては，各国基準による財務諸表の開示が認められたが，2007年1月1日以降は，IFRSまたはこれと同等性を有する各国基準の採用が必要とされた。このため，上記3国の会計基準がIFRSと同等性を有するかという点がポイントとなる。

欧州証券規制当局委員会（CESR）は2005年7月，プレスリリース（CESR, 2005）で3国の会計基準の同等性評価結果を公表した。それには米国基準（19項目），日本基準（26項目），カナダ基準（14項目）の差異が指摘されていた。

この差異の解消が，各国のコンバージェンスの課題となり，各国設定主体とIASBとの協働の目標とされることとなる。具体的な動きについては，次節以降で述べることとする。

3 米国の動き

(1) エンロン事件とSOX法

米国の会計制度において，大きな転換のきっかけとなったのがエンロン事件である（エンロン事件の概要およびSOX法の内容については菊田（2007）を参考とした）。1985年に天然ガス事業会社として設立されたエンロン社は1990年代以降，金融技術を駆使したエネルギー会社として急成長を遂げたが，2001年11月，経営者による粉飾決算が表面化し，同年12月に経営がいきづまり破綻した。エンロン社の粉飾決算においては，SPEの不適切な利用と，デリバティブの時価評価の誤用・悪用が指摘され，これらを防止する会計基準の高度化とより厳格な適用がもとめられることとなる。同社の会計監査を行っていたアーサー・アンダーセンは信用を失って解散を余儀なくされ，IFACは声明を出して，監査の基準や独立性の基準を再検討することとなる。

一方，米国連邦議会はエンロン事件と同様の問題を防止するためにいわゆるSOX法（U.S. Public Law, 2002）を制定した。わが国においては，いわゆるJ-SOXという日本版内部統制監査の基礎となった法律として有名であるが，ここで注目したいのは，Sec108と109である。

Sec108（a）ではSecurities Actの改正として，会計基準設定主体の要件を追加し，以下のように規定している。

① 民間団体として設立され
② 公益に尽くす理事会組織を有し，その過半数の者は兼務ではなく，過去2年間は登録監査事務所に関与していないこと
③ SOX法Sec109に従って資金調達すること
④ 新たな会計上の問題や企業実務の変化を反映するために必要な会計基準の変更を過半数により決定し，迅速な考慮を保証する手続を採用していること

> ⑤ 会計基準の適用において，ビジネス環境の変化を反映し，常に基準を最新の状態に保つことや，公益および投資家保護のために高品質な会計基準へのコンバージェンスの範囲を考慮すること

　さらに，Sec109では，会計基準設定主体の独立性を確保するため，運営資金を発行者から（任意ではなく）強制的に徴収できるようにした。

　SECはSOX法制定後，FASBがこの基準に該当するかどうかを調査し，調査の結果，FASBがSOX法Sec108の要件を満たしており，従って，FASBの会計基準は連邦証券法の目的上「一般に認められた」基準となり，登録企業は財務諸表において，引き続きFASBの基準を適用すべきであると公表した（SEC, 2003）。これにより，FASBは以後，SOX法Sec109による資金調達が可能となり，また，以後の活動においては，SOX法Sec108により，会計基準のコンバージェンスへの取組みも求められることとなった。

(2) FASBによる会計基準体系化

　SOX法により会計基準の設定主体として指定されたFASBであるが，それ以前の米国における会計基準はFASBの設定する基準だけではなく，SECおよびAICPAが発表する大量の文書から構成されていた。このため，FASBが会計基準設定主体として取り組んだことは，これまでに発表された膨大な文書を主要な会計論点別の単一の文書に再編することであった。このコード化プロジェクトは2007年末に開発を終え，2008年より試験的利用を経て2009年7月に正式に承認された。現在ではこのコード化されたFASBのASC（Accounting Standards Codification®）はウェブサイト上で無料で参照することが可能である（https://asc.fasb.org/home）。

(3) IASBとの協働によるコンバージェンス

　FASBは2002年にIASBと「ノーウォーク合意」（FASB, IASB. 2002）を取り交わし，できるだけ早く，相互の既存の会計基準に完全に互換性を持たせること，および互換性を維持するために，双方の作業プログラムを調整することを合意した。

前節で述べたように、欧州市場に上場する米国企業は2007年1月以降、IFRSまたはIFRSと同等の会計基準を適用することが義務付けられる。このため、米国にとっては米国基準をIFRSと同等と認められるよう、コンバージェンスを進めることが必要となる。

また、後で述べるように米国外の企業がIFRSに基づいて作成した財務諸表について、米国会計基準への調整表作成義務を撤廃するためのSECスタッフによるロードマップが公表され、ここでもFASBとIASBによるコンバージェンス・プログラムが継続して進められることが示されている。

FASBはさらに2006年にIASBとの覚書（FASB, IASB. 2006）を公表し、コンバージェンスの具体的な作業内容が示された。ここでは、2008年までにIFRSとUS-GAAPの主要な差異を取り除くために実施すべき短期プロジェクトを明確化し、①FASBが検討する事項（公正価値オプション等）、②IASBが検討する事項（セグメント情報等）、③両者共同で検討する事項（減損および税金）、という分担を定めた。また、それ以外の11のプロジェクトについては、2008年までに完了することは現実的ではないとして、2008年までに測定可能な進展を図る長期プロジェクトとして位置づけた。

目標とされた2008年には、MOUの完成状況の報告書が公表されている（FASB, IASB. 2008）。これによれば、短期プロジェクトは公開草案が公表中のものもあるが概ね完了し、長期プロジェクトも2011年には完了すると記載されていた。

(4) 米国国内でのIFRS導入

米国国内でのIFRS適用問題は米国外の企業が作成するIFRS基準の財務諸表に対して米国会計基準への調整表作成義務を撤廃する動きから始まった。2005年4月、SECはスタッフ文書（SEC, 2005）を発表した。ここでは、2006年から2007年にかけてIFRSに基づく財務諸表を調査し、遅くとも2009年にはIFRSに従った財務諸表の調整表作成義務撤廃について判断するとしていた。この調査は順調に進み、2007年8月には調整表作成を不要とする規則改正案（SEC, 2007a）が公表され、同年12月に最終規則（SEC, 2007b）が公表された。

米国において次に問題となるのは、国内企業にIFRSを適用すべきかという

問題である。これに関しては，2007年8月にSECがコンセプトリリース（SEC, 2007c）を公表し，IFRS導入に関連するさまざまな意見を求めた。ここでは，米国市場にIFRSを導入することに関して，①米国における財務報告，②米国外での財務報告，③国内発行体によるIFRSの適用可能性，④IFRSとUS-GAAPとのコンバージェンス，国際的な会計基準に関して，①国際的に認められた単一の会計基準への賛否，②国際会計基準の設定主体，③国際会計基準に対するこれまでのSECの判断，実際に導入する際の問題として，①教育および訓練，②実際の適用，③監査，④規制，⑤既存の要求事項との統一，⑥移行および時期，を質問事項に挙げている。

コンセプトリリース公表の翌年，SECは国内企業へのIFRS導入に向けたRoadmap（SEC, 2008）を公表した。ここでは，具体的なマイルストーンとその他の考慮事項が示されていた。

マイルストーン
1. 会計基準の改善
2. IASC財団の説明責任と資金調達
3. インタラクティブ・データをIFRSに利用する能力の向上
4. 教育と訓練
5. 米国発行体の比較可能性を向上する限定的な早期適用
6. 想定される規則化の時期
7. IFRS義務化の実施

その他の考慮事項
1. 財務情報の役割
2. 会計システム，統制および手続
3. 監査
4. IFRSの状態とIASBによる会計基準設定プロセス

この時点ではIFRS導入に前向きなスタンスが感じられる。しかし，その後の金融危機などもあり，IFRS導入について慎重な検討が続けられた。2010年にはWork Plan（SEC, 2010）が公表され，SECスタッフにより調査検討すべき課題が公表された。調査の結果，2012年7月にSECからFinal Staff Report（SEC, 2012）が公表された。

この報告のなかでSECスタッフは，次のように述べている

> ① IFRSと米国基準にはいまだ大きなギャップがある。
> ② IFRS解釈指針委員会のより迅速な問題対応が必要であり，そのための変更が行われたが，直近のため効果は不明である。
> ③ IASBは各国基準設定主体へのより多くの依存を考慮する必要がある。
> ④ SECを含む財務報告コミュニティはIFRSの一貫した適用に建設的な影響を及ぼすことができる。
> ⑤ IASBは特定の市場を考慮することはないため，米国市場を保護するためのメカニズムを組み込むことが必要と考えられる
> ⑥ IFRS財団の資金調達の問題，とりわけ，大規模会計事務所に継続して依存していることが懸念される。
> ⑦ IFRSが導入されるかどうかにかかわらず，会計基準の開発と利用に関して，投資家の関与と教育がどのように改善されるか検討する。

しかしながら，この報告では，IFRSを導入すべきかどうかについては言及されなかった。

その後，SECが米国内発行体にIFRS基準を適用する具体的な動きはなく，IASBとFASBの協働による各基準の共通化に向けての取組みが行われた。しかしながら，収益認識については実質上共通化に成功したものの，金融商品会計（信用損失）およびリース会計については考え方の相違を解消することができず，重要な処理の相違を残したまま，それぞれの基準が公表されることとなった。

4 日本の動き

(1) バブル崩壊とレジェンド問題

1980年代後半は土地価格の上昇が続き，金融機関の土地関連融資の伸びは総貸出の伸びを上回っていた。この状況について，大蔵省銀行局は土地関連融資については「金融面からも地価問題に積極的に対応するため，金融機関の融資全体に対し均衡のとれた水準にすることが望ましい」と考え，1990年3月に「土

地関連融資の抑制について」(大蔵省,1990) が発出された。それまで右肩上がりであった不動産価格がこの金融政策の影響を受け,下降に転じた。一方,日経平均株価は1989年12月29日(大納会)の38,915円をピークに暴落した。いわゆるバブル崩壊である。その後の景気低迷期のなかで,アジア経済危機などもあり,銀行・証券会社の破綻が相つぐこととなる。

　こうした環境下において,わが国の会計・監査実務に関するレジェンド問題が発生する。2000年頃に問題となったレジェンド問題とは,わが国の企業の英文財務諸表において,当該財務諸表は,日本の会計基準で作成され,監査も日本の基準で実施されていることを明記するよう,海外から求めてきたものである。

＜レジェンドが付された事例＞

連結財務諸表注記

BASIS OF PRESENTING CONSOLIDATED FINANCIAL STATEMENTS

… maintain their official accounting records … in accordance with accounting principles and practices generally accepted in Japan.

　…

Accordingly, the accompanying financial statements are intended for use by those who are informed about Japanese accounting principles and practices.

監査報告書

We conducted our audits in accordance with auditing standards, procedures and practices generally accepted and applied in Japan.

In our opinion, the consolidated financial statements referred to above present fairly, 　…　 in conformity with accounting principles and practices generally accepted in Japan.

　これは,少なくともレジェンドの記述を要請した海外の理解は,日本の会計および監査に関する基準および実務が国際的な水準と異なることを示していると考えられる。JICPAは2005年問題に関する対応の一環として,日本基準英文財務諸表に付け加えたレジェンド文言に関する見直しを関係する4監査法人と協議した。これら4監査法人は,それぞれ提携先のビッグ4のリスク担当者と協議し,同意を得た上で,レジェンド文言を大幅に見直すことになっ

た。この結果、レジェンド文言は2004年3月期より削除されることなった（粥川，2006, 65）。

(2) 会計基準設定主体としてのASBJ

IASCの組織改革の議論を受け、わが国においても会計基準設定主体の問題が検討されることとなる。それまで、わが国においては、証券取引法に基づく会計の基準設定主体として企業会計審議会、商法に基づく規制について法務省法制審議会が答申する役割を担っており、それに法人税法が重要な影響を及ぼすという三極体制となっていた。実務面ではJICPAが実務指針を公表し、具体的な処理の拠り所となっていた。

一方会計基準に関係する民間団体としてはCOFRIがあったが、純粋な研究機関であり、基準設定の権限は持っていなかった。

まず、2000年3月にJICPAは会計基準設定主体に関する提言（JICPA, 2000）を発表した。このなかでJICPAは会計基準設定主体を強化することが必要であり、そのため、会計基準設定主体は①独立性、②透明性、③即時性の3つの機能を備えることが必要としている。そして、この機能を備える会計基準設定主体の組織は民間団体方式であるべきで、それを実現するために改革プロジェクトチームを設置し、改革プロセスを策定すべきとしている。

これとほぼ同時期の2000年4月には大蔵省が「企業会計基準設定主体のあり方に関する懇談会」を開催し、その後の議論を踏まえ同年6月には論点整理（同懇談会、2000）が公表された。その内容は下記のとおりである。

＜具体的な論点＞
(1) 民間基準設定主体に確保されるべき要件に関する論点
　独立性／人事の透明性，公正性およびバランスの確保／会計基準設定プロセスの透明性／専門性・多様性／常設・常勤性，即時性，機動性，国際性
(2) 民間基準設定機関に求められる組織・体制等に関する論点
　組織の運営等に責任を持つ組織／基準の作成について責任を持つ組織／テーマ選定等に責任を持つ組織
(3) 資金調達に関する論点
(4) 民の役割分担に関する論点

これをうけて2001年2月に経団連、日本公認会計士協会、全国証券取引所協議会など10団体が共同で準備委員会を立ち上げ、2001年7月に財団法人財務会計基準機構が設立された。その財団のもとに企業会計基準委員会（ASBJ）が組成され、以後、わが国の会計基準設定は ASBJ が担うこととなった。

(3) 2005年問題とコンバージェンス

欧州市場で2005年に IFRS が義務化され、欧州市場で資金調達を行う日本企業に大きな影響が懸念された。この問題はわが国会計基準の同等性評価の結果に左右されるため、IFRS と日本基準とのコンバージェンスが喫緊の課題として認識されることとなる。先に述べた通り、CESR は日本基準と IFRS とに26項目の差異が存在するとの調査結果を公表している。このため、ASBJ は IASB と協議の結果、以下の東京合意（ASBJ, IASB. 2007）を公表した。

> ＜東京合意の内容＞
> 　2005年から開始している日本基準と国際財務報告基準（IFRS）のコンバージェンスを加速化する。
> ・日本基準と IFRS の間の重要な差異については2008年までに解消。
> ・残りの差異については2011年6月までに解消。

この東京合意に関しては2011年6月の ASBJ と IASB との定期協議において達成状況が確認され、「東京合意の達成状況」（ASBJ, IASB. 2011）が公表された。

(4) IFRS の任意適用開始と拡大策

わが国市場における IFRS 適用に関しては、2009年に中間報告（企業会計審議会, 2009）が公表された。その内容は以下のとおりである。

> **(1) 任意適用**
> 　2010年3月期（年度）から、国際的な財務・事業活動を行っている上場企業の連結財務諸表に、任意適用を認めることが適当。
> **(2) 将来的な強制適用の是非**
> 　強制適用の判断時期は、2012年を目途（2012年に判断の場合、2015年又は2016年に適用開始。）。

これを受けて，IFRS適用を予定する企業や関与する監査事務所，日本公認会計士協会や経団連などが導入促進の活動を行い，2010年3月期に1社，2011年に2社がIFRSの適用を行った。

当初は中間報告のとおり，国際的な財務・事業活動を行っている上場企業に限定されていたが，その後，限定条件は外され，IPO企業にも適用が許容されることとなった。

次に，上場企業に対する強制適用であるが，中間報告以後さまざまな事象（未曾有の災害である東日本大震災の発生を含む）もあり，2011年6月に金融担当大臣談話が公表された。その内容は以下のとおりである。

- 少なくとも2015年3月期についての強制適用は考えていない。
- 仮に強制適用をする場合であっても，その決定から5年ないし7年程度の十分な準備期間の設定を行う。
- 2016年3月期で使用終了される予定の米国基準での開示は，使用期限を撤廃し，引き続き使用可能とする。

これにより，IFRSの強制適用は棚上げとなり，任意適用企業の拡大という方向性の転換が図られることとなる。

2014年6月に閣議決定された「日本再興戦略改訂2014」では5-2金融・資本市場の活性化，公的・準公的資金の運用等において新たに講ずべき具体的施策として「IFRSの任意適用企業の拡大促進」を掲げた。この施策はその後，「日本再興戦略改訂2015」，「日本再興戦略2016」，「未来投資戦略2017」，「未来投資戦略2018」へと引き継がれ，金融庁においては，具体的な取り組みが公表・実施され，その結果，2018年6月29日現在においてIFRS適用企業は197社（適用予定会社32社および適用済の非上場会社3社を含む。金融庁，2018）に達している。

(5) 修正国際基準の制定

ASBJは2015年6月に，IASBが公表し，ASBJが採択したIFRSとASBJ自身で開発された特定のテーマの基準により構成される修正国際基準を公表した。これは，IFRSで認められていないのれんの会計処理（償却）とその他の包括利益の会計処理（リサイクリング）を認める基準を修正会計基準とし，それ以

外については，IFRS の規定を全面的に採用するものである。

　この基準は IFRS を全面的に適用しつつ，差異のうちどうしても譲れない2点については，わが国の独自性を残したものといえるであろう。ただし，現状（2018年6月現在）この基準を適用している企業は1社もない。

5　金融危機とその後の情勢の変化

(1) 金融危機と各国の対応

　米国におけるサブプライム・ローン問題を契機に証券化商品に係る信用リスクと流動性リスクが著しく高まり，取引の不成立や投げ売りによる価格低下など，公正価値測定に不都合な状況が発生した。また，2008年9月には米大手証券リーマン・ブラザーズが破綻し，世界的な金融危機に発展することとなった。

　当時の会計基準では，金融危機下の事象に適切な対応が困難であり，2008年12月の金融機関の決算に大きな懸念が持たれることとなった。

　2008年4月，FSF は IASB に対して以下の3つの問題点の解決を求めた（FSF, 2008, 56）。

---
① オフバランスとなっている企業の会計処理と開示に関する改善
② 評価，その手法およびその評価に関連する不確実性に関するよりよい開示を達成するための基準の強化
③ 市場が活発でなくなった場合における金融商品の評価に関するガイダンスの強化

　これらの要求に対して IASB は関係する基準の見直しを行い，順次改訂を行った。

　また，米国基準では認められている金融資産の再分類が IFRS では認められていないことに関して，欧州首脳会議で，欧州金融機関が不利な取扱いを受けることがないよう，IAS 第39号第50項（再分類の禁止条項）を見直すよう要求し，これが達成できない場合には EU は第50項をカーヴアウト（当該規定の削除）する用意があることを表明した（山田, 2013, 379）。

当該規定について，IASB は2008年10月の理事会で議論し，デュー・プロセスを経ることなく，即日改訂を公表した。

(2) 金融危機が及ぼした影響

金融危機への対応に関しては，G-20およびG-20を構成する各国政治サイドからの政治的圧力があり，より迅速な対応を求められた結果，IASB が本来のデュー・プロセスを経ることなく，基準を改訂した。これに関して，元IASB理事である山田辰己氏は「苦渋の選択」と表現しているが，改正に先立つ評議員会において，米国会計基準との共通化を図る IAS 第39号および IFRS 第7号の改訂に限っては，IASB が通常のデュー・プロセスを適用しないことができる旨の表明を行っており，IASB は，このような評議員会の了承を得て緊急改訂を行ったのである（山田，2013，380）。

また，2008年11月 G20主脳はワシントンサミットにおける声明のなかで，「金融安定化の促進に向け，透明性，アカウンタビリティ，独立した主体と関係当局間の適切な関係を確保するために国際的な会計基準設定主体のガバナンスをさらに強化すべきである」と要請を行った。これを受けて，IFRS 財団は翌2009年に資本市場規制当局者からなるモニタリングボードを新設し，さらに2013年には会計基準アドバイザリーフォーラム（ASAF）を新設した。こうした経緯を経て今のIASBのガバナンス体制が整備されてきたのである。

6　おわりに

(1) 本章の要約

これまで本章では欧州，米国，日本における会計基準の国際化への対応を見てきた。ここから，明らかになった点を要約すると次のようになるであろう。

まず第1に，グローバルな資本市場において，公益および投資家保護のため，財務諸表の透明性と比較可能性を確保することが重要であるということである。このため世界の資本市場で，単一で高品質な国際会計基準が必要とされることとなる。

次に，高品質な国際会計基準の前提として，会計基準設定主体には，満たすべき要件が求められるということである。その要件はたとえば下記などであろう。

- 独立性のある民間団体である
- 適切な組織構造を持つ
- 各組織は，テーマの選定，基準の起草，意思決定，モニタリング，資金調達など明確な役割を担う
- 適切なボードメンバーおよびスタッフを有する
- 適切なデュー・プロセスに従って基準開発を行う

実際，IASBはこれまでの組織改革を通じてこうした要件を満たすよう，努力してきており，米国や日本においても同じような経過を経て，現行のFASBやASBJの組織が成立しているのである。

そして，3番目として，国際会計基準は経済環境の変化に迅速に対応することが必要であるという点である。この対応にはIASBと各国の会計基準設定主体とが協力して取り組む必要がある。

(2) わが国の課題

わが国はIASBの活動に対してはこれまで継続してボードメンバーを出しており，人的貢献を行っている。また，IASBのアジア拠点を東京に置くなど，一定の地位を確保している。こうした地位により，IASBとのより密接な連携を図ることができるため，わが国にとって大きなメリットがあると考えられる。

しかしながら，中国市場の急速な拡大や，ASEAN諸国の経済発展を考えると，これまでの地位を今後も継続的に維持することは容易なことではない。

現在，国内上場企業のIFRS適用は，197社（2018年6月29日現在）に達しているが，今後ともIFRS適用の促進を図っていくことが重要である。

わが国市場においては，過去，上場企業の会計不祥事が繰り返し発生しており，企業のガバナンス改革が重要視されている。また，会計・監査の信頼性を取り戻し，海外投資家からも信頼されるような品質管理を実行し，説明責任を果たすべきである。

●参考文献

<和文献>

大石桂一．2014.「グローバルな会計基準設定主体としてのIASB：IASCからIASBへの組織改革」『經濟學研究（九州大学）』80（5/6）；161-176.

粥川和枝．2004.『国際財務報告—IFRSの受入れに向けて—』創成社．

粥川和枝．2006.「わが国におけるレジェンド問題の現状」『経済科学（名古屋大学）』53（4）；63-77.

菊田良治．2007.『疾風怒濤の米国企業改革』第一法規．

榊原英夫．2013.「米国におけるIFRSのアドプションの動向（1）」『立正経営論集』46（1）；19-55.

榊原英夫．2014.「米国におけるIFRSのアドプションの動向（2）」『立正経営論集』46（2）；47-84.

杉本徳栄．2017.『国際会計の実像』同文舘出版．

平松一夫・辻山栄子編著．2014.『会計基準のコンバージェンス』中央経済社．

森洵太．2015.「金融危機とIASB：正当性基盤の変化に焦点を当てて」『愛知淑徳大学論集』11；115-127.

山内高太郎．2011.「国際会計基準審議会の金融商品会計基準プロジェクトにおける金融危機への対応」『高知論叢・社会科学（高知大学）』102；21-46.

山田辰己．2013.『IFRS設定の背景—金融商品—』税務経理協会．

ロバード（ボブ）・H・ハーズ著．杉本徳栄，橋本尚訳．2014.『会計の変革—財務報告のコンバージェンス，危機および複雑性に関する年代記—』同文舘出版．

渡辺雅雄．2003.「業績報告をめぐる国際的動向：G4+1及びIASBの動向を手掛りとして」『商学研究論集（明治大学）』19：193-214.

<基準書・公表文書等>

大蔵省銀行局．1990.「土地関連融資の抑制について」．

企業会計基準設定主体のあり方に関する懇談会．2000.「企業会計基準設定主体のあり方について（論点整理）」．

企業会計審議会企画調整部会．2009.「我が国における国際会計基準の取扱いについて」．

企業会計基準委員会（ASBJ），国際会計基準審議会（IASB）．2007.「プレスリリース「企業会計基準委員会と国際会計基準審議会は2011年までに会計基準のコンバージェンスを達成する「東京合意」を公表」」．

企業会計基準委員会（ASBJ），国際会計基準審議会（IASB）．2011.「プレスリリース「企業会計基準委員会と国際会計基準審議会が，東京合意における達成状況とより緊密な協力のための計画を発表」」．

金融庁．2018.「会計基準の品質向上に向けた取組み」．

日本公認会計士協会．2000.「我が国の会計基準設定主体のあり方について（骨子）」．

CESR. 2005. "Technical Advice on Equivalence of Certain Third Country GAAP and on Description of Certain Third Countrys Mechanisms of Enforcement of Financial Information".

EU. 2000. "Financial Reporting Strategy : the way forward".

EU. 2002. "Regulation (EC) No1606/2002 of the European Parliament and of the Council of 19 July 2002 on the application of international accounting, standards".

FASB. 1998. "International Accounting Standard Setting: A Vision for the Future".

FASB, IASB. 2002. "Memorndum of Understanding 'The Norwalk Agreement'".

これからの財務報告実務

FASB, IASB. 2006. "A Roadmap for Convergence between IFRSs and US GAAP—2006-2008 Memorandum of Understanding between the FASB and the IASB".
FASB, IASB. 2008. "Completing the February 2006 Memorandum of Understanding:A progress report and timetable for completion 2008".
FSF. 2008. "Report of the Financil Stability Forum on Enhancing Market and Institutional Resilience".
＊以下の IASC 基準書過年度版は IASB が提供する eIFRS（有料コンテンツ）で参照することができる。
IASC. 1975. IAS.1 "Disclosure of Accounting Policies".
IASC. 1987. "International Accounting Standards".
IASC. 1990. "International Accounting Standards".
IASC. 1991-92. "International Accounting Standards".
IASC. 1996. "International Accounting Standards".
IASC. 1998. "Shaping IASC for the Future".
IASC. 1999. "Recommendations on Shaping IASC for the Future".
IASC. 2000. "IASC Constitution".
IOSCO. 2000. "IASC Standards-Assessment Report".
SEC. 2003. "Policy Statement: Reaffirming the Status of the FASB as a Designated Private-Sector Standard Setter".
SEC. 2005. "Statement by SEC Staff: A Securities Regulator Look at Convergence".
SEC. 2007a. "Concept Release on Allowing U.S. Issuers to Prepare Financial Statements in Accordance with International Financial Reporting Standards".
SEC. 2007b. "Acceptance from Foreign Private Issuers of Financial Statements Prepared in Accordance with International Financial Reporting Standards without Reconciliation to U.S. GAAP ".
SEC. 2007c "Concept Release on Allowing U.S. Issuers to Prepare Financial Statements in Accordance with International Financial Reporting Standards".
SEC. 2008. "Roadmap for the Potential Use of Financial Statements Prepared in Accordance With International Financial Reporting Standards by U.S. Issuers".
SEC. 2010. "Work Plan for the Consideration of Incorporating International Financial Reporting Standards into the Financial Reporting System for U.S. Issuers".
SEC. 2012. "Work Plan for the Consideration of Incorporating International Financial Reporting Standards into the Financial Reporting system for U.S. Issers Final Staff Report".

＜ウェブサイトの URL ＞
JICPA（IFRS）https://jicpa.or.jp/specialized_field/ifrs/education/
IASB：https://www.ifrs.org/
FASB：https://www.fasb.org/home
ASBJ：https://www.asb.or.jp/jp/

（小川　薫）

Part 2

グローバル化した会計基準

第6章／公正価値測定
第7章／金融商品
第8章／M&A
第9章／収益認識
第10章／リース
第11章／株式報酬と退職給付
第12章／税効果

第6章 公正価値測定

1 はじめに

　近年においては，金融のグローバル化，M&Aの活発化，それを支えるファイナンス理論の発展により，投資家が会計情報に求める要求も大きく変化してきている。企業のバランスシートがより重視されるようになり，その中身も，金融商品のみならず非金融商品についても，過去情報に基づく取得原価よりも，公正価値測定に代表されるような当該時点における資産・負債の実質的価値を評価するアプローチを適用した会計情報へのニーズが高まっている。

　本章では，まず公正価値測定に関する主な会計基準の動向を踏まえた上で，一般的な公正評価の測定アプローチおよび測定の例を紹介する。したがって，実務において，個別の論点に関して具体的にどのように公正価値測定アプローチを適用しているかについては，本章の対象外としている。さらに，測定する上で利用するインプットの信頼性の水準はさまざまであるため，これを補完するための開示の役割について概説する。なお，これらの説明にあたっては，会計基準として先行しているIFRSを参考に述べることとする。

2 公正価値評価に関する会計基準の動向

(1) IFRS における動向

　現在の会計基準においては，投資家の意思決定に有用な情報を提供する上で，資産・負債に対する公正価値による評価を要求する範囲が多く定められているが，これは金融商品のみならず非金融商品（たとえば，IFRS 第3号「企業結合」に定めるのれんの算定や IAS 第40号「投資不動産」が要求する投資不動産の評価など）についても適用されるに至っている。

　このように複数の IFRS の基準書／解釈指針が，公正価値による測定・開示を要求／許容しており，公正価値の決定についてのガイダンスを設けている基準書／解釈指針もあったが，各基準書／解釈指針間で整合していない結果，実務において運用上不統一が発生し，財務情報の比較可能性の阻害要因となっていた。

　これを踏まえ，公正価値測定に関する複雑性の解消・首尾一貫性の向上を図るために，国際会計基準審議会（IASB）は，2011年5月に IFRS 第13号「公正価値測定」を公表している。ここでは，公正価値測定に関する単一のフレームワークを提示するとともに，公正価値により測定されている項目についての開示事項を規定している。各基準書／解釈指針がどのような場面や項目について公正価値による測定・開示を要求するかを定めているのに対して，IFRS 第13号は他の基準書／解釈指針で要求されている公正価値による測定・開示項目について，どのように測定・開示を行うかについてのガイダンスを提供するものである。本基準は2013年1月1日以降開始する事業年度から適用されている（早期適用も認められている）。

　IFRS 第13号は，資産・負債・企業自身の資本性金融商品について他の IFRS 基準書／解釈指針が公正価値の測定・開示を要求する場合に適用される。測定には，当初測定だけではなく事後測定の双方に適用される。ただし，下記については，各基準書／解釈指針において，公正価値測定ないし開示に関して具体的に定められていることから，IFRS 第13号の適用は除外されるため，実務上

は各基準書／解釈指針に従って会計処理を行うことになる。

> **測定・開示の適用除外項目（IFRS13. 6）**
> - IFRS 2「株式に基づく報酬」の範囲に含まれる株式に基づく報酬取引
> - IAS17「リース」の範囲に含まれるリース取引
> - 公正価値と何らかの類似性はあるが公正価値ではない測定
>   （例示）
>   ➢ IAS 2「棚卸資産」：正味実現可能価額
>   ➢ IAS36「資産の減損」：使用価値

> **開示の適用除外項目（IFRS13. 7）**
> - IAS19「従業員給付」に従って公正価値で測定される制度資産
> - IAS26「退職給付制度の会計と報告」に従って公正価値で測定される退職給付制度投資
> - IAS36「資産の減損」に従って回収可能価額が処分コスト控除後の公正価値である資産

(2) 公正価値の概念

① 公正価値の定義

　公正価値とは，「測定日時点で，市場参加者間の秩序ある取引において，資産を売却するために受け取るであろう価格／負債を移転するために支払うであろう価格」（IFRS13. 9）とされている。ここでいう，資産の売却／負債の移転が行われる市場とは，次のいずれかを想定している（IFRS13. 16）。

> - 当該資産／負債に関する主要な市場：当該資産／負債についての活動の量と水準が最大である市場（IFRS13. 付録 A）。
> - 主要な市場が存在しない場合には，当該資産／負債に関する最も有利な市場：取引コストと輸送コストを考慮したうえで，資産を売却するために受け取るであろう金額を最大化するため／負債を移転するために支払うであろう金額を最小化する市場（IFRS13. 付録 A）。

　企業は，主要な市場（存在しない場合には最も有利な市場）を識別するために，

合理的に利用可能なすべての情報を考慮しなければならない（IFRS13. 17）とされているが，以下のような点も考慮される。

- 主要な市場／最も有利な市場となる可能性のあるすべての市場について網羅的に調査を行う必要はない。
- 反証がない限り，企業が通常，資産を売却する市場／負債を移転する市場が，主要な市場（存在しない場合には最も有利な市場）と推定される。主要な市場（存在しない場合には最も有利な市場）は，測定日において企業がアクセスを有する市場でなければならない（IFRS13. 19）。
- アクセスを有する市場は企業の活動によって異なる場合があるため，同一の資産／負債であっても，企業によって主要な市場（最も有利な市場）が異なる可能性がある。たとえば，リテール市場とディーラー市場がある場合，リテール市場を対象とする企業Aにとっては，ディーラー市場はアクセス不能であり，アクセス可能なリテール市場が主要な市場となる。他方，リテール市場およびディーラー市場の両者にアクセス可能な企業Bがディーラーを主たる業としている場合は，企業Bにとっての主要な市場はディーラー市場となる。

また，非金融資産の公正価値測定にあたっては，当該資産の最有効使用を行うこと，または当該資産を最有効使用するであろう他の市場参加者に売却することによって市場参加者が経済的便益を生み出す能力を考慮に入れる（IFRS13. 27）。ここで最有効使用とは，市場参加者による非金融資産の使用のうち，当該資産／当該資産が使用される資産と負債のグループ（例：事業）の価値を最大化するものとされている（IFRS13. 付録A）。

- 物理的に可能であること，法的に許容されること，財政的に実行可能であることを考慮に入れる（IFRS13. 28）。
- 企業が異なる用途を意図していたとしても，市場参加者の観点から決定される。ただし，市場／他の要因が，市場参加者による異なる使用が資産価値を最大化することを示唆していない限り，企業の現在の使用が最有効使用であると推定されるとされている（IFRS13. 29）。

IFRS 3「企業結合」では，企業結合により取得した各資産について，企業結合の取得日における公正価値測定が要求されている。たとえば，現在は工場

用地として使用されているが，周辺は住宅用地として開発が進んでいる土地を企業結合で取得した場合，市場参加者が工場用地としてそのまま使用すると仮定した場合の土地の価値と宅地用の空き地として使用すると仮定した場合の土地の価値（工場の撤去費用等を反映）の両者を比較して，高い方の価格が最有効使用による価格として決定される（引用：IFRS13. 設例 2 より）。

② 市場参加者とは

公正価値とは企業に固有の価値ではなく，下記のような特徴のすべてを有する市場参加者間の取引を想定したものである（IFRS13. 付録 A）。

- 互いに独立している（関連当事者でない）。
- 知識を有しており，当該資産または負債および取引に関して，すべての利用可能な情報を用いて十分な理解を有している。
- 当該資産または負債に関する取引を行う能力がある。
- 強制または強要される取引ではなく，自発的に取引を行う意思がある。

③ 秩序ある取引とは

秩序ある取引とは，当該資産／負債に係る取引に関する通常の慣習的なマーケティング活動ができるように，測定日前の一定期間にわたる市場へのエクスポージャーを仮定する取引をいう。すなわち，強制された取引（たとえば，強制清算／投売り）ではない。

■参考：秩序ある取引ではない例（IFRS13. B43）
- 通常かつ慣習的なマーケティング活動ができる期間があったとしても，売手が一人の買手にしか売り込んでいなかった場合
- 売手が破産もしくは管財人の管理下である場合（投売り）
- 売手が規制や法的要請から売らざるを得ない場合（強制取引）
- 取引価格が直近の同一または類似の取引と比較して，異常値となっていること　等

④ 価格とは

公正価値は，入口価格ではなく，出口価格である（IFRS13.24）。

入口価格とは，交換取引において，㋐資産を取得するために支払った価格，㋑負債を引き受けるために受け取った価格をいう。他方で，出口価格とは，㋐資産を売却するために受け取るであろう価格，㋑負債を移転するために支払うであろう価格をいう（IFRS13.付録A）。なお，価格の決定にあたって，取引コストは調整してはならない（IFRS13.25）とされているが，輸送コスト（現在地から取引される市場への輸送コスト）は調整する（IFRS13.26）とされている。資産そのものに起因する使用に関する制限（たとえば地役権など）がある場合は，公正価値の測定に当該制限が反映される（IFRS13.IE29）。

(3) 公正価値の評価アプローチ

公正価値測定の評価技法として，大きくインカム・アプローチ，マーケット・アプローチ，コスト・アプローチに大別される。

各アプローチは，IFRSでは以下のとおり定義されている（IFRS13.62, IFRS13付録A）。

> ■インカム・アプローチ
> 　将来の金額（たとえば，キャッシュ・フローまたは収益および費用）を単一の現在の（すなわち，割引後の）金額に変換する評価技法。その公正価値測定は，それらの将来の金額に関する現在の市場の予想により示される価値に基づいて算定される。
> ■マーケット・アプローチ
> 　同一または比較可能な（すなわち，類似の）資産，負債または資産と負債のグループ（事業など）に関わる市場取引により生み出される価格および他の関連性のある情報を用いる評価技法
> ■コスト・アプローチ
> 　資産の用役能力を再調達するために現在必要とされる金額（しばしば現在再調達原価とよばれる）を反映する評価技法

各評価アプローチの具体例は，下記のとおりである。

評価アプローチ	具体例
インカム・アプローチ	DCF法，収益還元法，配当還元法など
マーケット・アプローチ	市場株価法，類似会社比較法，類似取引比較法など
コスト・アプローチ	現在再調達原価，時価純資産額法，（修正）簿価純資産額法，生産価値法など

(4) 公正価値の評価のためのインプット

　IFRS第13号では，公正価値測定およびそれに関連する開示の首尾一貫性と比較可能性を向上させるために，公正価値ヒエラルキーを設け，公正価値を測定するために用いる評価技法へのインプットを3つのレベルに区分している。最も高い優先順位を与えているのは，同一の資産または負債に関する活発な市場における（無調整の）相場価格（レベル1のインプット）であり，最も優先順位が低いのは，観察可能でないインプット（レベル3のインプット）である（IFRS13.72）。レベル1以外のインプットについては，観察可能なものがレベル2となり，観察不能なものがレベル3となる。

　資産または負債の公正価値を測定するために用いられる複数のインプットが，公正価値ヒエラルキーの中の異なるレベルに区分される場合には，その公正価値測定の全体を，全体の測定にとって重大なインプットのうち最も低いレベルのインプットと同じレベルの公正価値測定に区分する（IFRS13.73）。

　なお，レベル3に分類される資産・負債は，企業の主観が入りやすいものとなるため，特別な開示要求が課されている。

　たとえば，上場株式については市場で活発に取引されており，当該相場価格そのものが明らかに観察可能であるレベル1のインプットに分類される。ゴルフ会員権やコマーシャル・ペーパーのインプットである相場価格については観察可能であるものの，整備された市場で活発に取引されているとはいえないためレベル2のインプットに分類される。金利・イールドカーブなども観察可能ではあるものの資産・負債取引として市場で取引されていて相場価格が公表さ

れているものではないため，レベル2に分類される。非上場株式の公正価値評価にあたって DCF 法で用いられる事業計画などは観察不能でありレベル3のインプットとなる。

(5) 米国における動向

IFRS 第13号は，米国財務会計基準審議会（FASB）とのコンバージェンスのための共同プロジェクトを経て公表されている。米国においても会計基準更新書（ASU）「Topic820公正価値の測定および開示」が公表されているが，上記共同プロジェクトにより作成されており，公正価値測定に関して IFRS と米国会計基準の間の実質的な差異はない。

(6) 日本における動向

わが国においては，企業会計基準第10号「金融商品に関する会計基準」，「固定資産の減損に係る会計基準」，企業会計基準第21号「企業結合に関する会計基準」などおよびそれら企業会計基準の適用指針において，時価の定義や算定方法・開示が定められているが，IFRS 第13号のように公正価値測定に関する単一のフレームワークを提示する会計基準は存在しない。

企業会計基準委員会（ASBJ）は，2010年7月に企業会計基準公開草案第43号「公正価値測定及びその開示に関する会計基準（案）」，企業会計基準適用指針公開草案第38号「同適用指針（案）」を公表している。その後，2019年1月に，企業会計基準公開草案第63号「時価の算定に関する会計基準（案）」および企業会計基準適用指針公開草案第63号「時価の算定に関する会計基準の適用指針（案）」が公表されている。ここでは，日本基準と国際的な会計基準との整合性を図り，財務諸表間の比較可能性を向上させるために，時価算定に関する詳細なガイダンスを設けることが提案されている（企業会計基準公開草案第63号『「時価の算定に関する会計基準（案）」等の公表』2019年1月18日企業会計基準委員会）。

また，日本公認会計士協会から，2013年7月に会計制度委員会研究資料第4号「時価の算定に関する研究資料～非金融商品の時価算定～」が公表されている。ここでは，主に有形固定資産や無形資産といった非金融資産の測定・開示について，会計基準上時価を用いることが要請されているが，各基準には時価

の具体的な算定方法までは定められておらず、実務上は合理的な評価技法が選択適用されている現状を踏まえ、時価の算定方法や論点等の整理がなされている。

3 公正価値評価の事例

公正価値評価の測定プロセスについて、非上場株式と為替予約取引を例に解説する。以下は公正価値測定に関する一般的な考え方を整理しているものであり、IFRS など個別の会計基準に関するものではない。

(1) 非上場株式

非上場株式は市場価格がないため、公正価値の算定にあたっては、一般的にインカム・アプローチまたはマーケット・アプローチを利用すると考えられる。コスト・アプローチについては、清算価値を前提とした評価以外では、一般的には単独で採用されない。

① インカム・アプローチ

一般的には、ディスカウンテッド・キャッシュ・フロー法（以下、DCF 法）により算定を行う。DCF 法は将来のフリーキャッシュ・フロー（以下、将来 FCF）を現在価値に割り引くことにより価値を計算するため、ⓐ将来の事業計画（将来 FCF）とⓑ割引率が公正価値測定にあたって重要な要素となる。

将来の収益獲得能力を価値に反映させやすい、投資リスクを反映させた割引率を使用することによって、リスクを明示的に反映させやすいといった長所がある反面、事業計画に恣意性が入る可能性がある、中長期の事業計画の作成が困難な場合があるなどの短所がある。

DCF 法のイメージは**図表6－1**のとおりである。

図表6-1 DCF法のイメージ

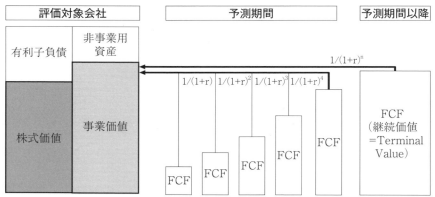

FCF：フリーキャッシュフロー　r：割引率

割引率については，一般的に以下のような算式で求められる（日本公認会計士協会・会計制度委員会研究資料第4号「時価の算定に関する研究資料〜非金融商品の時価算定〜」(2013年7月9日))。

- 税引後加重平均資本コスト（WACC：Weighted Average Cost of Capital)は，以下の算式で求められる。
    加重平均資本コスト＝自己資本コスト×自己資本比率＋他人資本コスト×(1－法人税率)×負債比率
    $WACC = Re \times E/(E+D) + Rd \times (1-t) \times D/(D+E)$
    Re：税引後の自己資本コスト
    E：自己資本の額（時価）
    D：他人資本の額（有利子負債，時価）
    Rd：他人資本コスト（負債コスト）
    T：法人税率
- 自己資本コストは，たとえば以下のような方法で算定する。
    ・資本資産価格モデル（CAPM：Capital Asset Pricing Model)
    ・会社固有の投資にあたってのハードルレート
- たとえば，CAPMによる自己資本コストの算定式は，以下のとおりである。
    $E(r_i) = r_f + \beta_i \{E(r_M) - r_f\}$
    $E(r_i)$：株式iの期待リターン（自己資本コスト）

rf：リスクフリーレート（安全資産利回り）

βi：株式iのベータ値（会社固有のリスク）

E（rM）-rf：リスクプレミアム（マーケットに期待される投資利回りとリスクフリーレートとの差，安全資産を上回るリスクの高い資産（株式）に投資することで要求される利回り）

■ その他の考慮すべき点としては，以下のようなものがある。

・ベータ値（β）：入手先　外部情報提供会社等や東証の統計資料等
・資本構成の影響の調整
・事業外資産，有利子負債等，コントロールプレミアム，非流動性ディスカウント，小規模リスクプレミアムなど

実際に数字をあてはめて計算した例を**図表6-2**に示している。主要なインプットである予測財務情報を基礎としてFCFを算定し，これに割引率を乗じることで事業価値を算定し，これに余剰資金などの非事業用資産・有利子負債などを調整し，株式価値を算定している。

図表6-2　DCFによる1株当たり株式価値の算定例

（単位：百万円）

	1年度	2年度	3年度	4年度	5年度	継続価値
営業利益	450	610	630	570	600	
法人税等（30％）	△135	△183	△189	△171	△180	
税引後営業利益	315	427	441	399	420	
減価償却費	250	250	250	250	250	
運転資本の増減	△200	100	△50	△50	100	
設備投資	△500	△500	△400	△400	△400	
FCF	△135	277	241	199	370	6,000
現在価値（割引率8％）	△125	237	191	146	251	4,083
事業価値（合計）						4,783

評価対象会社	
事業価値（百万円）①	4,783
非事業用資産（百万円）②	300
有利子負債（百万円）③	100
株式価値（百万円）④=①+②-③	4,983
発行済株式数（千株）⑤	400
1株当たり株式価値（円）⑥=④÷⑤	12,457

② マーケット・アプローチ

マーケット・アプローチの代表的なものとして、株価倍率法がある。株価倍率法は、公開している類似会社の株価に基づく倍率を算定し、評価対象会社の財務数値に当該倍率を乗じて企業価値を算定する方法であり、その作業プロセスは以下のとおりである。

ステップ1	類似公開会社の選定	業種・事業内容・規模、財務構造の類似性などに着目
ステップ2	類似公開会社の財務データの収集・分析・修正	会計方針が相違することによる影響、非経常的損益項目などの調整
ステップ3	倍率の選定および計算	たとえば以下のようなものがある。業種などに応じて最適なものを選定する。たとえば設備投資が大である製造業の場合、EBITDAが一般的に使われる。 ・PER（株価収益率） ・EBIT（税前利益＋支払利息） ・EBITDA（EBIT＋償却費） ・PBR（株価純資産倍率）
ステップ4	事業価値・株主価値の計算	非流動性ディスカウントや支配プレミアムなどの調整

上記を図示すると**図表6－3**のとおりとなる。主なインプットとしては、1）類似公開会社の時価総額と2）純利益やEBITDA（支払利息・税金・償却前利益）などの倍率の選定の基礎となる財務数値がある。

実際に売買された株価や具体的な取引事例に基づいて算定されるため、算定額に説得力がある長所がある反面、業務内容・事業規模が評価対象会社と類似する公開会社の選定が困難な場合があるなどの短所がある。

実際には、**図表6－4**のとおり類似会社を複数選定し、株式価値の算定を行うことになる。

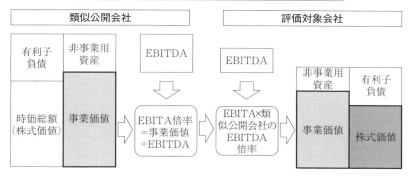

図表6-3 株価倍率法による株式価値算定のプロセス

図表6-4 株価倍率法による1株当たり株式価値の算定例

(単位:百万円)

	A社	B社	C社	D社	E社
時価総額 ①	2,700	1,900	1,000	1,500	2,400
有利子負債 ②	1,100	500	200	100	1,200
非事業用資産 ③	170	30	10	200	150
事業価値 ④=①+②-③	3,630	2,370	1,190	1,400	3,450
EBITDA ⑤	700	450	200	500	800
EBITDA倍率 ⑥=④÷⑤	5.1	5.2	5.9	2.8	4.3
EBITDA倍率(5社平均) ⑦					4.6

評価対象会社	
EBITDA(百万円) ⑧	750
類似会社EBITDA倍率(百万円) ⑦	4.6
事業価値(百万円) ⑨=⑧×⑦	3,450
非事業用資産(百万円) ⑩	300
有利子負債(百万円) ⑪	100
株式価値(百万円) ⑫=⑨+⑩-⑪	3,650
発行済株式数(千株) ⑬	400
1株当たり株式価値(円) ⑭=⑫÷⑬	9,125

③ まとめ

インカム・アプローチおよびマーケット・アプローチで算定された1株当たり株式価値は以下のとおりであり,採用するアプローチにより差異が生じている。

評価手法	1株当たり株式価値
インカム・アプローチ	12,457円
マーケット・アプローチ	9,125円

インカム・アプローチについては,将来FCFが重要な要素となるが,入手が困難な場合が多く,仮に入手できた場合においてもその信頼性の検証は難しい。また,マーケット・アプローチについても,非上場株式は市場性がないた

め，売買実績によることができず，また類似会社の株価は市場から入手可能ではあるが，EBITDA倍率などの比率の適用は，必ずしも当該株式の市場取引の証拠にはならない。

したがって，いずれも公正価値ヒエラルキーにおけるインプットとしてレベル3に該当すると考えられる。

(2) 為替予約取引

為替予約取引に使われる為替予約レートは一般的に直物レートに2通貨間の金利差等を加味して決められる。したがって，為替レートおよび金利に関するインプットにより公正価値の測定が可能である。

たとえば，直物為替相場が1米ドル＝100円のときに，円金利1％・米ドル金利5％の条件のもと，円を保有するものが将来のドル建の支払いに備えて1年後期日の円売りドル買いの為替予約を行う場合，両通貨に4％の金利差があるため，これを考慮して，1米ドル＝96円で取引が行われることになる。

1,000米ドルの円売りドル買い取引を想定した場合，金利等の諸条件を仮定

図表6－5　為替予約取引における公正価値の測定例

B・C列：LIBORなど

	A	B	C	D	E	F	G
				＝1米ドル*(1+B) ※月数按分含む	＝1円*(1+C) ※月数按分含む	＝E÷D	
	スポットレート (1米ドル＝)	金利 (米ドル)	金利 (円)	1年後の価値 (2018/9/30) －米ドル	1年後の価値 (2018/9/30) －円	先物レート (受渡日 2018/9/30)	円払い 2018/9/30
2017/10/1	100.00	5.00%	1.00%	1.050	101.000	96.19	－96,190
2017/12/31	105.00	5.00%	1.00%	1.037	105.787	101.99	－96,190
2018/3/31	113.00	6.00%	2.50%	1.030	114.404	111.12	－96,190
2018/6/30	118.00	6.00%	2.50%	1.015	118.731	117.01	－96,190
2018/9/30	120.00	6.50%	3.50%	－	－	－	－96,190

すると，公正価値は**図表6-5**のとおり求められる。

為替予約取引から発生する為替先物（資産・負債）の公正価値測定を行うにあたっての主要なインプットである金利については，通常はLIBORなど一般に公表されているレベル2の観察可能なインプットを用いて評価される。

4 公正価値評価に関する開示の役割

(1) 開示の目的

たとえばIFRSでは，公正価値測定に関する信頼性を補足するために，開示において一定の要求事項を定めている。

3で述べたが，公正価値といっても，測定要素であるインプットのレベルには差異がある。株式の評価を例にとると，上場株式であれば市場における相場価格は当該会社の公正価値そのものであり信頼性が高いためレベル1に分類される。非上場株式について株価倍率法により類似の上場会社の株価をベースに

H	I	J（公正価値）	K
=F*1000	=H+G	=I÷(1+C) ※月数按分含む	=J列の差
円受入 2018/9/30	2018/9/30 に想定されるキャッシュ・フロー	為替予約の公正価値	公正価値の変動
96,190	0	0	—
101,990	5,800	5,757	5,757
111,120	14,930	14,747	8,990
117,010	20,820	20,692	5,945
120,000	23,810	23,810	3,118

公正価値を算定した場合は，当該会社の市場価格そのものではなく一定の調整計算が行われるが，どの上場会社を類似会社とするか，調整をどのように行うかなどの市場参加者が使用するであろう仮定が重要性をもち，これらは観察不能なため，レベル3に分類される。また，将来事業計画に基づいて評価を行った場合も，当該事業計画は市場において観察不能であり，レベル3に分類される。特に，観察不能なインプットを用いるレベル3に分類される公正価値については，会計情報を利用する投資家へ情報提供を拡充するために，開示により補完する手当を会計基準で設けている。IFRS 第13号は，財務諸表の利用者が次の事項を評価するのに役立つ十分な情報を開示することを要求している（IFRS 13. 91）。

(a) 当初認識後に財政状態計算書において経常的または非経常的に公正価値で測定される資産および負債については，評価技法および当該測定を作成するのに用いたインプット
(b) 重大な観察可能でないインプット（レベル3）を用いた経常的な公正価値測定については，その測定が当期の純損益又はその他の包括利益に与える影響

上記の開示目的を達成するために，最低限の要求事項の他，以下を考慮し，追加的な開示が要求される場合がある（IFRS 13. 92）。

(a) 開示要求を満たすのに必要な詳細さのレベル
(b) さまざまな要求のそれぞれにどの程度の重点を置くべきか
(c) どの程度の集約または分解を行うべきか
(d) 財務諸表の利用者が開示された定量的情報を評価するために，追加的な情報を必要とするかどうか

(2) 開示の要求事項（IFRS13. 93）

① 公正価値測定に係る共通の開示として，以下のものがある。

- 報告期間末の公正価値
- 公正価値ヒエラルキーのレベル
- レベル1とレベル2との間の振替，その理由，レベル間の振替タイミングに関する企業の方針
- 評価技法とインプット（レベル2と3），変更があった場合は，その旨，理由
- 非金融資産の最有効使用が現在の用途と異なる場合は，その理由

② レベル3に区分される公正価値測定に関しては，不確実性と主観性の程度が大きいことから，①に加え，以下の追加的な開示が要求されている。なお，(a) から (d) は経常的（毎期要求されるもの）および非経常的（特定の状況において要求されるもの）な公正価値測定の双方について，(e), (f) については経常的な公正価値測定のみに要求されている。

(a) 重大な観察可能でないインプットに関する定量的情報
(b) 期首残高から期末残高への調整表
(c) 報告期間末に保有している資産および負債に関連する未実現損益の変動に起因する額
(d) 企業が用いた評価プロセス
(e) 観察可能でないインプットの変動に関する感応度の記述的な説明
(f) 観察可能でないインプットを合理的に考えうる代替的な過程を反映するために変更すると公正価値が著しく変動する場合は，その旨・変更の影響

(3) 実際の開示例

以下は，ソフトバンクグループ㈱が公開している実際の開示のうちレベル3に区分される公正価値情報を補完する開示のうち定性情報の抜粋である（EDINET より抜粋の上引用）。

27．金融商品の公正価値
(1) 公正価値ヒエラルキーのレベル別分類
　（中略）
　経常的に公正価値で測定する金融商品の公正価値の主な測定方法は，以下の通りです。

a. 株式および債券

活発な市場における同一銘柄の相場価格が入手できる場合の公正価値は，当該相場価格を使用して測定し，レベル1に分類しています。

活発な市場における同一銘柄の相場価格が入手できない場合，直近の独立した第三者間取引やファイナンス価格の情報が利用可能な場合は，公正価値はそのような直近の取引価格に基づき評価され，評価対象銘柄の発行企業が属する市場動向や企業の業績によって調整されます。

これらの直近の取引情報が利用できない場合の企業価値評価には，マーケット・アプローチ，コスト・アプローチ，またはインカム・アプローチを用いています。

マーケット・アプローチは，評価対象会社と比較可能な類似会社の情報が利用可能な場合に利用され，評価対象会社の財務諸表数値と比較対象となる他社のEV/収益やEV/EBITDA等の評価倍率を用いた評価手法です。コスト・アプローチは，評価対象会社の貸借対照表上の純資産をベースに株式価値を算定します。インカム・アプローチは，信頼できるキャッシュ・フロー計画が利用できる場合に利用され，収益成長率等を加味した見積り将来キャッシュ・フローを割引率で割り引くことで現在価値を算定します。上記で算定された企業価値は，投資先の資本構成に応じて各種類株式の株主価値に配分されます。その配分には，主として株式の権利や優先権を考慮したオプション価格法や，流動化事象が生じた場合の優先順位を考慮したウォーターフォール・アプローチを用いています。

これらの測定に使用する相場価格や割引率などのインプットのうち，すべての重要なインプットが観察可能である場合はレベル2に分類し，重要な観察可能でないインプットを含む場合はレベル3に分類しています。

（中略）

(2) レベル3に分類した金融商品の公正価値測定
a. 評価技法およびインプット

観察可能でないインプットを使用した公正価値（レベル3）の評価技法およびインプットは，以下の通りです。

（中略）

2018年3月31日現在の公正価値（レベル3）の測定は主に取引事例法を採用し，株式の権利や優先権を考慮しています。そのほかの観察可能でないインプットを使用した公正価値の評価技法およびインプットは，以下の通りです。

評価技法	観察可能でない インプット	観察可能でない インプットの範囲
株式 類似会社比較法	非流動性ディスカウント 収益倍率	15.0% 0.8倍

b. 感応度分析

観察可能でないインプットのうち，収益倍率および支配プレミアムについては，上昇した場合に株式の公正価値が増加する関係にあります。一方，非流動性ディスカウントについては，上昇した場合に株式の公正価値が減少する関係にあります。

（後略）

5　おわりに

公正価値の測定にあたっての測定アプローチなどのフレームワークは定められているものの，実際の測定にあたって使用されるインプットは必ずしも観察可能なものばかりではなく，観察不能なものもある。後者についても，入手源泉やデータの質・量はさまざまであるため，一口に公正価値といってもその信頼性や観測可能性の水準は異なることを理解し，補完的役割を担う開示と併せて利用する必要がある。

また，監査実務の観点からも，特にレベル3の公正価値測定の妥当性については，算定にあたって定めた仮定の合理性や主要なインプットの信頼性など，不確実性が介在する領域が多く，客観的な証拠の確保が難しい場合もあり，慎重な判断を要する他，投資家にとって十分な開示がなされているかの検討も重要である。

● **参考文献**

あらた監査法人．2015．『IFRS解説シリーズⅣ　公正価値測定』第一法規．
越智信仁．2012．『IFRS公正価値情報の測定と監査－見積り・予測・リスク情報拡大への

対応』国元書房.
国際会計基準審議会. 2011. 国際財務報告基準第13号「公正価値測定」.
企業会計基準委員会. 2009.「公正価値測定およびその開示に関する論点の整理」.
企業会計基準委員会. 2010a. 企業会計基準公開草案第43号「公正価値測定およびその開示に関する会計基準（案）」.
企業会計基準委員会. 2010b. 企業会計基準適用指針公開草案第38号「公正価値測定およびその開示に関する会計基準の適用指針（案）」.
企業会計基準委員会.2019a. 企業会計基準公開草案第63号「時価の算定に関する会計基準（案）」.
企業会計基準委員会.2019b. 企業会計基準適用指針公開草案第63号「時価の算定に関する会計基準の適用指針（案）」.
日本公認会計士協会. 2013. 会計制度委員会研究資料第4号「時価の算定に関する研究資料〜非金融商品の時価算定〜」.

（増見　彰則）

第7章 金融商品

1 はじめに

「金融商品に関する会計基準」(以下,基準という)では金融商品の範囲を明確にするために,「金融資産」と「金融負債」の定義において,具体的な勘定科目を挙げ,それぞれについて時価評価を基本としつつも,企業のその保有目的に応じた評価方法および評価差額の会計処理を定めている。

■金融資産
- 金融資産とは,現金預金,受取手形,売掛金および貸付金等の金銭債権,株式その他の出資証券および公社債等の有価証券ならびに先物取引,先渡取引,オプション取引,スワップ取引およびこれらに類似する取引(以下「デリバティブ取引」という。)により生じる正味の債権等をいう(基準4項)。

■金融負債
- 金融負債とは,支払手形,買掛金,借入金および社債等の金銭債務ならびにデリバティブ取引により生じる正味の債務等をいう(基準5項)。

金融商品の中には値上がりを期待して保有する売買目的有価証券から,子会社株式のように金融資産としての形態はとるものの事業資産に比較的近い性質のもの,売掛金のようにその金額そのものを回収することが目的の金融商品まで多様である。

以下では,金融商品のなかで代表的な有価証券,債権,デリバティブについて順に見ていくこととする。

2 有価証券

(1) 有価証券の評価

有価証券は保有目的に応じて①売買目的有価証券，②満期保有目的の債券，③子会社株式および関連会社株式，④その他有価証券の4つに分類し，以下のとおり評価方法および評価差額の処理が定められている。

① 売買目的有価証券

時価の変動により利益を得ることを目的として保有する有価証券（以下，売買目的有価証券という）は，時価をもって貸借対照表価額とし，評価差額は当期の損益として処理する（基準15）。

② 満期保有目的の債券

満期まで所有する意図をもって保有する社債その他の債券（以下，満期保有目的の債券という）は，取得原価をもって貸借対照表価額とする。ただし，債券を債券金額より低い価額または高い価額で取得した場合において，取得価額と債券金額との差額の性格が金利の調整と認められるときは，償却原価法に基づいて算定された価額をもって貸借対照表価額としなければならない（基準16）。

③ 子会社株式および関連会社株式

子会社株式および関連会社株式は，取得原価をもって貸借対照表価額とする（基準17）。

④ その他有価証券

売買目的有価証券，満期保有目的の債券，子会社株式および関連会社株式以外の有価証券（以下，その他有価証券という）は，時価をもって貸借対照表価額とし，評価差額は洗い替え方式に基づき，次のいずれかの方法により処理する

（基準18）。

> （1）評価差額の合計額を純資産の部に計上する。
> （2）時価が取得原価を上回る銘柄に係る評価差額は純資産の部に計上し，時価が取得原価を下回る銘柄に係る評価差額は当期の損失として処理する。
> 　なお，純資産の部に計上されるその他有価証券の評価差額については，税効果会計を適用しなければならない。

　ただし，時価評価が求められる「売買目的有価証券」および「その他有価証券」においても，時価を把握することが極めて困難と認められる場合には時価評価が求められていない。

　時価を把握することが極めて困難と認められる有価証券は，主として非上場株式等であり，多くの会社の有価証券報告書にも「時価を把握することが極めて困難と認められる有価証券」として記載されている。

(2)「時価が著しく下落した有価証券」

　(1)で述べた通り時価を把握することが極めて困難と認められる場合には時価評価が求められていないものの，投資にかかる損失を先送りしないために価値が著しく下落した場合については，上記とは別途基準が設定されており，時価を把握できる金融商品に加えて，時価を把握することが極めて困難と認められる金融商品についても適切に評価し，評価差額が発生する場合は損失処理することが求められている。

① 時価を把握することが極めて困難と認められる金融商品以外

　まずは時価を把握することが困難と認められる金融商品以外の金融商品についてみていく。

　「満期保有目的の債券，子会社株式および関連会社株式ならびにその他有価証券のうち，時価を把握することが極めて困難と認められる金融商品以外のものについて時価が著しく下落したときは，回復する見込があると認められる場合を除き，時価をもって貸借対照表価額とし，評価差額は当期の損失として処理しなければならない（基準20項）」とし，「金融商品会計に関する実務指針（以下，

指針）において，時価が取得原価に比べて50％程度以上下落した場合と，時価と取得原価を比べて下落率30％から50％未満の場合にわけて会計処理を規定している（指針91項）。

（ⅰ）時価が取得原価に比べて50％程度以上下落した場合

時価が取得原価に比べて50％程度以上下落した場合は，合理的な反証がない限り，回復する見込みのないほど著しい下落があったものとみなして，減損処理を行わなければならないとされている。

合理的な反証ある場合は減損処理しなくてもよいとの規定であるが，多くの場合，合理的に反証できるほどの情報を保有しておらず減損処理を行っている。

（ⅱ）時価と取得原価を比べた下落率30％から50％未満の場合

時価と取得原価を比べた下落率30％から50％未満の場合は，指針を参考にたとえば以下の項目に該当するかを判定した上で会計処理を行っている。

---
① 株式の過去2年間にわたり継続して下落率30％を超える状況にある
② 株式の発行会社が債務超過の状態にある
③ 株式の発行会社が2期連続で損失を計上している

---

② 時価を把握することが極めて困難と認められる株式

時価を把握することが極めて困難と認められる株式については，発行会社の財政状態の悪化により実質価額が著しく低下したときは，相当の減額をなし，評価差額は当期の損失として処理しなければならないとされており，時価を把握することが極めて困難と認められる株式の実質価額が「著しく低下したとき」とは，少なくとも株式の実質価額が取得原価に比べて50％程度以上低下した場合を指している（指針92項）。

時価を把握することが極めて困難と認められる株式の代表例である非上場株式を例にとると原則として決算書の数値をもとに資産等の時価評価に基づく評価差額等を加味して算定した1株当たりの純資産額を，毎期算定し，その数値に基づいた会計処理をしている。

(3) 子会社株式・関係会社株式の回復可能性の判断

　非上場の子会社・関係会社の株式については，将来の実質価額の回復可能性に応じた評価をしている場合が多い。

　株式の実質価額の回復可能性は，将来，その企業の業績が回復するか否かによるところが大きいが，今後の企業業績を判断する基となる，会社の将来の事業計画に関する詳細な情報を，通常，一般株主は持っていない。

　他方，子会社株式や関係会社株式は，金融商品であるものの，子会社・関係会社の事業を通じた収益の獲得を見込んだ一種の事業投資であり，親会社は子会社や関連会社の支配株主あるいは主要株主として事業計画等に関する情報を入手できる場合が多い。そのような場合は，入手した事業計画等を基に企業業績の将来の回復可能性を検討し，その上で子会社株式や関係会社株式の実質価額の回復可能性を合理的に判断できる場合もあるためである。

　指針においても「時価を把握することが極めて困難と認められる株式であっても，子会社や関連会社等（特定のプロジェクトのために設立された会社を含む。）の株式については，実質価額が著しく低下したとしても，事業計画等を入手して回復可能性を判定できることもあるため，回復可能性が十分な証拠によって裏付けられる場合には，期末において相当の減額をしないことも認められる。」としている（指針285項）。

　しかし，この処理の前提として，上記の事業計画等が実行可能で合理的なものであることが求められ，金額については，一部例外を除き，おおむね5年以内に回復すると見込まれる金額を上限としている。

　さらに回復可能性は毎期見直すことが必要であり，その後の実績が事業計画等を下回った場合など，事業計画等に基づく業績回復が予定どおり進まないことが判明したときは，その期末において減損処理の要否を検討することが求められている（指針285項）。

　固定資産の減損の要否の判断や子会社株式・関連会社株式の回復可能性を判断する際等，事業計画等の実行可能性，合理性が問題となるが企業業績の将来の回復可能性というものは，見込みの要素が大きく不確実性が高い。

　たとえば，新規事業を行うための子会社を設立した場合を考える。

通常，企業の設立当初は費用が先行することになるが，事業が軌道に乗るまでに想定以上に時間がかかる場合もあり，株式の実質価額が取得原価の50％を下回る場合がある。

上記のような局面では，新規事業の今後の成長性・採算性を見極めることになるが，新規事業のため企業にとっても未知のことが多く計画の合理性については，より慎重な判断が求められる。

また，企業の作成した将来の事業計画が以下のような内容に基づき利益が拡大している場合，合理的な事業計画とはいえない。

> ・新たな設備投資の計画がないのに，現有設備では達成できない生産数量を前提とした販売計画を立てている。
> ・生産数量が伸びているのに変動製造原価が増加していない。
> ・見込生産体制を採っている企業において，根拠なく販売数量が急激に拡大する計画となっている。　等

その場合は，合理的な事業計画を再度策定し，その上で子会社株式・関連会社株式の減損の要否を検討する必要がある。

また，これは心情的な問題であるが，子会社や関連会社への投資は経営者がビジョンをもって行ったことであり，株式を減損処理することは自身の失敗をはっきりと認識することになる。そういった観点からも株式の回復可能性の判断には経営者のバイアスが入りやすい点も留意する必要がある。

3　債　　権

(1) 企業環境，経営方針と債権管理

債権の貸借対照表価額は，取得原価から貸倒見積高に基づいて算定された貸倒引当金を控除した金額である。よって，ここでは債権の貸倒リスクに影響する，会社の債権の管理体制について見ていくこととする。

会社は独自に債権管理にかかる費用対効果を考慮した上で，自社の債権を管理する方針を定め，その方針に沿った管理手法を採っている。

たとえば以下のとおりである。

① 取引開始前の信用調査を厳格に行い，信用リスクが低い会社のみと取引し，貸倒れの発生を事前に防ぐ手法

この手法を採った場合，貸倒れの発生を抑えることができるが，取引開始前に得意先候補の決算書を入手して分析する，信用調査会社の評点を入手する等の手間とコストが発生する。さらに取引の入り口で得意先を選定するため，取引機会に制限を加えることになる。

この方法は取引にあたり手間とコストがかかることから，特定の得意先と取引する企業が想定される。

② 自社と得意先との間に商社を介在させて，自社に得意先の信用リスクが及ばない仕組みを構築する手法

商社を介した場合，実際に製品を購入する得意先と，その代金の請求先が異なることになる。

よって得意先の信用リスクが高まったとしても，図表7－1にあるとおり，会社は商社に対して債権を計上しているため，債権評価に影響はない。また，得意先が増えた場合も，新たに信用調査等を行う必要はなく，積極的な営業活

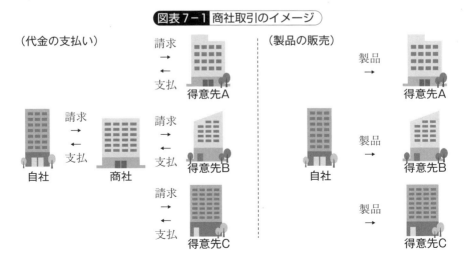

図表7－1 商社取引のイメージ

動が可能である。

　商社を介した取引は，債権管理業務をスリム化でき，取引機会も増えることから多くの企業で採用されている。

　ただし，コストとして商社に対して支払う一定の口銭（手数料）が発生する。

③　取引開始前に厳格な信用リスクの管理を行わず，ある程度の貸倒リスクが発生することを予め想定した手法

　この手法は信用リスクをコントロールするための費用が抑えられることや，広く取引機会を確保できる一方，貸倒れの発生件数が多く一般債権にかかる貸倒実績率が高くなるため，貸倒損失や貸倒引当金繰入額等の費用負担が発生する。

　1件当たりの契約額が少額で，個人や個人事業主を得意先とする場合が想定される。

(2) 債権管理の具体例

　債権は回収期日が予め契約で定められており，多くの企業では，回収期日通りに債権に対する入金があるかについて管理し，期日を経過しても入金のない債権が把握できる仕組みになっている。

　特に，(1) ③のような方針をとる企業では，事前の対策よりも事後の対策に重点をおいていることから債権管理業務は重要な業務と位置づけられており，たとえば以下にあるような一連の流れに沿って回収活動を行っている。

（例）売掛金
A社の入金サイト
毎月末日締めの翌月末日入金
4月中　　A社はB社に対して4月1日～30日に10万円販売した。
4月30日　4月30日に10万円の売上，売掛金を計上した。
5月31日　5月31日に10万円の入金が確認できない。
6月1日　A社はB社に4月分の入金が確認できないことを連絡する。

```
 入金 ──Yes──→ 売上債権の消込処理
  │No
  先方に今後の支払意思,支払予定を確認
 入金 ──Yes──→ 売上債権の消込処理
  │No
10月1日 先方に書面等で通知
 入金 ──Yes──→ 売上債権の消込処理
  │No
12月1日 債権区分を一般債権から貸倒懸念債権に変更する。
```

　一般事業会社においては,すべての債務者について,業況の把握および財務内容に関する情報の入手を行うことは困難であることが多く,基準でも原則的な区分方法に代えて,たとえば,債権の計上月(売掛金等の場合)または弁済期限(貸付金等の場合)からの経過期間に応じて債権区分を行うなどの簡便な方法も認めている(指針107項)。

　実務上,一般債権から貸倒懸念債権への振替を自社の売上債権回転期間に照らして決定している場合が多く,一般債権から貸倒懸念債権への振替期間については,3ヵ月から1年程度が多い。

　さらに得意先の信用リスクが高まった場合,貸倒懸念債権から破産更生債権への振替を行うが,そのタイミングとしては得意先が不渡りを出した場合や,破産した場合等が挙げられる。

(3) 債権の評価

　受取手形,売掛金,貸付金その他の債権の貸借対照表価額は,取得価額から貸倒見積高に基づいて算定された貸倒引当金を控除した金額で評価し(基準14),債権の貸倒見積高は,①一般債権,②貸倒懸念債権,③破産更生債権等の3つの区分に応じて算定する(基準28)。

　具体的には次のとおりに行われている。

① 一般債権

　一般債権は多くの会社で,貸倒債権全体または同種・同類の債権ごとに,債

権の状況に応じて求めた過去の貸倒実績率等を算定している。

② 貸倒懸念債権

貸倒懸念債権については財務内容評価法とキャッシュ・フロー見積法の２つの方法が認められている。

(i) 財務内容評価法

「財務内容評価法」を採用した場合，債務者の財政状態および経営成績を考慮することが求められている（指針114項）が，企業が個々の得意先の財政状態および経営成績を適切に把握できない場合も多く，特に先の例で挙げたような企業の場合はその手間に見合った実益がない。そのため簡便的な処理を採用している企業も多く，指針には簡便法の一例が下記のとおり示されている。

貸倒懸念債権と初めて認定した期には，担保の処分見込額および保証による回収見込額を控除した残額の50％を引き当て，次年度以降において，毎期見直す等の簡便法を採用することも考えられる（指針114項）。

(ii) キャッシュ・フロー見積法

キャッシュ・フロー見積法を適用するには，今後の元本の回収スケジュールや今後受け取ることができる利息を見積もることができる必要がある。

たとえば，貸付先が会社更生法等を適用して今後の再生計画，回収期日・回収条件等が明確にされている場合が考えられる。

ただ，キャッシュ・フロー見積法は手間がかかることから実務上，多額の債権を計上している得意先に採用している場合が多い。

③ 破産更生債権

破産更生債権，経営破綻または実質的に経営破綻に陥っている債務者に対する債権を指し，具体的には破産した場合等が挙げられる（指針116項）。

得意先が上記の状態になった場合は，債権額から担保の処分見込額および保証による回収見込額を減額し，その残額を貸倒見積高として計上する。

(4) 関係会社に対する債権

関係会社に対する債権については一般の得意先に対する債権とは別に以下の

指針が定められている。

　一般事業会社の連結子会社ならびに持分法適用の子会社および関連会社については，まず当該会社が保有する債権を原則的な分類に基づき区分して本報告に基づく貸倒見積高の算定をした上で，債務者の財務状況の把握と債務弁済能力の検討を行い，当該子会社または関連会社に対する債権の区分の判定を行う（指針108項）。

　これは，親会社は連結子会社ならびに持分法適用の子会社および関連会社については，他の得意先と異なり，適時に親会社に対して事業の状況や資金繰りの状況について報告を求める等で，そもそも債権が回収できない原因が把握できる立場にあることから，簡便な方法によらず，連結子会社ならびに持分法適用の子会社および関連会社（債務者）の財務状況の把握と債務弁済能力を適切に判断することを求めている。

　親会社が検討した結果，債権の回収に懸念が生じている原因が，子会社等の事業が軌道に乗らずに資金繰りにめどがつかない場合等，子会社等に債務弁済能力がないと判断した場合は，債権額全額について貸倒引当金を計上する必要がある。

　一方，親会社が子会社等に対する債権の回収に懸念が生じている原因を検討した結果，今後の事業の継続には問題ないものの，一時的な理由で返済できない状態になっていると判断した場合には貸倒引当金を計上しない。

　ただし，企業の財務内容の健全性が今後の事業展開によるところが大きい場合は不確実性も伴うことから，実現可能性の高い事業計画の策定が前提となる。

　さらに検討すべきは債務弁済能力であることから，その計画の実現可能性だけでなく，その計画の実現によって企業の財務内容が改善され，債務弁済能力が回復するかについても慎重に検討する必要がある。

　たとえば以下の事項は実現可能性が高く，実現した場合，財務内容が改善すると判断する材料となる。

- 関係会社において親会社からの借入金によって多額の設備投資をしたものの，設備の稼働が安定するまでに予定より時間を要していたが，現在，改善の兆しが見えている場合
- 新設備の稼働時期が決定しており，その設備によって製造する製品の発注をすでに受けている場合
- 事業が大きくなる過程で一時的に多額の材料を仕入れるための資金が必要であったが，その材料で製造した製品は販売済みで，売上債権の回収期日が決まっており，回収後の資金繰りは安定することが見込まれている場合

4 デリバティブの評価

(1) デリバティブ取引の機能

通常モノを取得する場合には，その価格分の金銭が必要になるが，デリバティブを利用する場合は，取得価額全額の金銭を実際に準備する必要はなく，差金決済に必要な資金だけを用意すればよい仕組みになっている（ただし，取引に必要な証拠金や当初担保金は除く）。

以下に，6ヵ月後を決済期日とする債券先物を購入した場合を考える。

ケース7-1

A社は5月1日に6ヵ月後（10月31日）を期日とする債券先物を100円で買い建てた。

（結果として損失となる場合）

6ヵ月後の10月31日に，債券先物の価格が90円に下落した。

A社は債券先物を反対売買し，10円の損失を負った。

（結果として利益となる場合）

6ヵ月後の10月31日に，債券先物の価格が110円に上昇した。

A社は債券先物を反対売買し，10円の利益を得た。

この場合，実際にやりとりされる金銭は10円だけで，実際の取引金額100円を用意する必要はない。これをレバレッジ効果といい，自社が保有する金銭の何倍もの金額の取引を行うことができる。

しかし，見方をかえれば，もし，A社の全資産が10円であった場合，A社はこの取引を行うことで全資産を失う可能性もあれば，資産を2倍に増やす可能性があり，投資に対するリターンの大きさのバラつきの程度をリスクと捉えた場合，デリバティブ取引はリスクの高い取引といえる。

(2) デリバティブ取引の実際の利用

(1) においてデリバティブ取引はリスクの高い取引である旨，説明したが上場会社を中心とした実務上の利用を見ると以下のとおりである。

上場企業は有価証券報告書において「金融商品に対する取組方針」，「金融商品の内容およびそのリスク」「金融商品に係るリスク管理体制」を記載し，自社の金融商品に関する事項を示すことが求められており，各社の「金融商品に関する事項」によると，銀行・証券会社・商品先物取扱業者・一部の商社を除き，多くの企業ではデリバティブを自社のビジネスリスクを低減する手段として利用していることがわかる。これをデリバティブのヘッジ機能という。

以下では，デリバティブ取引の一種である商品先物取引を，ヘッジ手段として事業活動にとり入れている例を見る。

ケース7-2

特定の金属を原料とする製品の製造・販売を主な事業としているB社（決算日3月31日）がある。B社は上記の金属を6か月後の2019年4月30日に，本日（2018年11月1日）と同じ価格（1kgあたり10,000円）で50kg調達したいと考えている。

なお，B社は今後原材料の価格が上昇すると予想している。そこで，価格変動リスクに対応する手段として以下の商品先物契約を締結した。

(契約内容)

契約日　2018年11月1日

商品先物6ヵ月後（2019年4月）を限月とする商品先物50kgを10,000円/kgで買い建てた。

2018年11月1日当日の現物価額は10,000円/kgである。

その後の価格の推移は次のとおりである。
■2019年3月31日
　現物価格　10,100円/kg　（2019年4月限月の）商品先物価格　10,100円/kg
■2019年4月30日
　現物価格　10,200円/kg　（2019年4月限月の）商品先物価格　10,200円/kg

　会計基準では，「デリバティブ取引は，取引により生じる正味の債権または債務の時価の変動により保有者が利益を得または損失を被るものであり，投資者および企業双方にとって意義を有する価値は当該正味の債権または債務の時価に求められると考えられる。したがって，デリバティブ取引により生じる正味の債権および債務については，時価をもって貸借対照表価額とする（基準25項）」とされている。

　原則的な方法に従った場合，それぞれの時点において求められる会計処理の仕訳例は以下のとおりである。なお，税効果に関する仕訳については考慮しない。

（単位：千円）

■2019年3月31日

現　物　　　　　　　　　　　　仕訳なし
商品先物　（借）デリバティブ債権　5　（貸）デリバティブ利益　5

（現物）
　現物は期末時点では調達していないことから，会計処理は不要である。
（商品先物）
　デリバティブ取引（商品先物）により生じる正味の債権を時価評価し，評価差額を損益として処理した。
（全体）
　2018年度においてはデリバティブ取引にかかる損益（5千円）のみが

計上されることとなる。

■2019年4月30日

現　　物	（借）原材料	510	（貸）現預金	510
商品先物	（借）デリバティブ債権	5	（貸）デリバティブ利益	5
商品先物	（借）現預金	10	（貸）デリバティブ債権	10

（現物）
10,200円/kgで調達することとなり，予算を10千円オーバーする結果となった。

（商品先物）
反対売買による差金決済し現預金10千円を取得した。

（全体）
　商品先物で取得した10千円を原材料の購入費用に充てることで，B社は取引全体をみれば予算どおり500千円で原材料を調達しており原材料調達にかかる価格変動リスクを低減している。
　しかし，2019年度の原材料の調達費用をみると予算500千円に対し実績505千円と5千円オーバーしており，デリバティブ取引によるリスク低減効果が財務諸表に反映されていない。

　ヘッジ対象とヘッジ手段の損益認識タイミングにずれが生じる場合，会社がヘッジ目的でデリバティブを保有している効果が財務諸表に反映されず，企業の業績を適切に示す結果とはならない。
　そこでヘッジの効果を財務諸表に反映するための会計処理としてヘッジ会計がある。

(3) ヘッジ会計

　ヘッジ会計とは，ヘッジ取引のうち一定の要件を充たすものについて，ヘッジ対象にかかる損益とヘッジ手段にかかる損益を同一の会計期間に認識し，ヘッジの効果を会計に反映させるための特殊な会計処理をいう（基準29項）。

> **ケース7-3**

2019年4月に予定される原材料の購入取引に対してヘッジ会計を用いた場合,前述の取引の仕訳例は以下のとおりとなる。

(単位:千円)

■**2019年3月31日**

現　　物	仕訳なし			
商品先物	(借)デリバティブ債権	5	(貸)繰延ヘッジ利益	5

(現物)
現物は期末時点では調達していないことから,会計処理は不要である。
(商品先物)
デリバティブ取引(商品先物)により生じる正味の債権を時価評価し,評価差額を繰延処理する。
(全体)
2018年度においては損益が計上されない。

■**2019年4月1日**

商品先物	(借)繰延ヘッジ利益	5	(貸)デリバティブ債権	5

(商品先物)
前期末に繰延処理したデリバティブ取引にかかる評価益を洗替処理する。

■**2019年4月30日**

現　　物	(借)原材料	510	(貸)現預金	510
商品先物	(借)現預金	10	(貸)デリバティブ債権	10
商品先物	(借)デリバティブ債権	10	(貸)原材料	10

(現物)
10,200円/kgで調達することとなり,予算を10千円オーバーする結果となった。
(商品先物)
商品先物を反対売買による差金決済し現預金10千円を取得した。

> デリバティブ取引（商品先物）により生じる正味の債権を時価評価し，デリバティブ契約締結時から現時点までの評価益を原材料のマイナスとして計上する（今回の設例のように資産取得時にヘッジ会計を適用している場合はデリバティブに係る評価損益を資産の取得原価に直接加減する）。
>
> **（全体）**
> 商品先物で取得した10千円を原材料の購入費用に充てることで，B社は取引全体をみれば500千円で原材料を調達し，原材料調達にかかる価格変動リスクを低減している。
>
> 2019年度の原材料の調達費用についても予算500千円に対し実績500千円とデリバティブ取引によるリスク低減効果が財務諸表に反映されている。

以上のようにヘッジ会計を適用すると，現物の価格変動による損益と，商品先物によって発生した損益が2019年4月に同時に認識されることになり，価格変動リスクを低減させている効果を財務諸表に反映している。

ヘッジ取引には，相場変動を相殺するものとキャッシュ・フローを固定するものがあり**図表7-2**の取引が代表的な例である。

図表7-2 相場変動を相殺するものとキャッシュ・フローを固定するものの代表例

■相場変動を相殺するもの

ヘッジ対象	ヘッジ手段
外貨建金銭債権債務の為替変動リスク	為替予約取引
非鉄金属，燃料等の商品価格変動リスク	商品先物取引・商品オプション取引等

■キャッシュ・フローを固定するもの

ヘッジ対象	ヘッジ手段
変動金利による借入金	金利スワップ契約

出所：日本公認会計士協会「金融商品会計に関する実務指針」143項をもとに作成。

ただし，ヘッジ会計を適用するか否かによって，企業の経営成績である損益の期間帰属に影響を与えることから，指針ではヘッジ会計の適用には「ヘッジ取引開始前（事前テスト）（指針143項）」，「ヘッジ取引時以降（事後テスト）（指

針146項)」に分けて要件が厳格に定められている。

事後テストは定期的に行う必要がありその結果，ヘッジの有効性が認められなくなった場合はヘッジ会計を中止する必要がある（指針180項）。なお，ヘッジの事後テストをしなくてもヘッジに高い有効性があると認められる場合は事後テストが省略できる（指針158項）。

(4) 金利スワップの特例処理

ヘッジ効果を期待して実務上広く用いられている取引の1つとして金利スワップ取引がある。このうちヘッジ会計の適用要件に加え以下の条件を満たす金利スワップ取引には基準（注14）において特例処理が認められている。

「資産または負債に係る金利の受払条件を変換することを目的として利用されている金利スワップが金利変換の対象となる資産または負債とヘッジ会計の要件を充たしており，かつ，その想定元本，利息の受払条件（利率，利息の受払日等）および契約期間が当該資産または負債とほぼ同一である場合には，金利スワップを時価評価せず，その金銭の受払の純額等を当該資産または負債に係る利息に加減して処理することができる。」

(5) オプション取引

変動リスクをヘッジする目的のデリバティブとして「先物取引」「スワップ取引」をみてきたが，その他にオプション取引が存在する。

先物取引が予め定められた期日までに必ず取引することが求められるのに対し，オプション取引は取引する権利の売買である。そのため，オプション取引の売り手はオプション料を受け取る代わりに，オプションの買い手がオプション権を行使した場合には，必ずそれに応じることが求められる。つまり，オプションの買い手にとっては保険的な役割を果たすこととなる。

最近は地震デリバティブをはじめとする保険的な役割を果たすデリバティブがでてきており，実際に契約する例も増加してきている。これは予め契約で定められた地域で，一定規模以上の地震が発生した場合にキャッシュを受け取ることができる権利（＝オプション）を購入する取引である。契約地域において，契約期間内に一定規模以上の地震が発生しなかった場合はそのオプション料は

相手の収入となる。

　保険と同じ役割を果たしている反面，保険契約では実際の損失が発生した場合に保険金が支払われるのに対して，地震デリバティブの場合，予め定められた地域で，一定規模以上の地震が発生した事実があれば，オプションを行使し金銭を受け取ることが可能である点が大きく異なる。

　それらの保険契約と地震デリバティブについて会計基準でも，以下のとおり両者を別の性質の契約と考えてそれぞれに会計処理を定めている。

　保険者が特定の事故の発生によって生ずる損害額等（損害保険または生命保険）を通常保険金支払の形で填補することを約する一方，保険契約者が保険料の支払義務を負う保険契約は，金融商品会計基準の対象外である（指針13項）と定められており，取得原価で評価することとなる。

　一方，地震デリバティブは，ウェザー・デリバティブの一種であり，平均気温や降雪量等の自然現象等にリンクしたデリバティブ取引である。ウェザー・デリバティブには海外で上場されているものもある。このような取引は，経済効果として保険契約と類似した部分はあるものの，保険契約とは異なり損失填補性がないことから，デリバティブとして，時価評価が求められている（指針227項）。

　しかし，実務上は，地震デリバティブをはじめとするウェザー・デリバティブは時価を算定することが極めて困難であると認められる金融商品として実質的には取得原価で評価されている事例が多い。

5　おわりに

　金融商品は，企業が自社の強みにおいてリスクテイクして収益を上げる局面，弱みに対してリスクヘッジする局面等のさまざまな場面で登場し，同じ金融商品であってもその価値は企業活動とのかかわりによって異なる。

　よって企業のその金融商品に対する投資意図を踏まえた，金融商品の評価および評価差額の会計処理をすることが，企業業績を反映した適正な財務諸表を作成する上で重要である。

●参考文献

宇佐美洋,小野里光博. 2015.『入門商品デリバティブ』東洋経済新報社.
企業会計基準委員会. 2006. 企業会計基準第10号「金融商品に関する会計基準」(最終改正2008年3月10日).
桜井久勝. 2018.『財務会計講義(第19版)』中央経済社.
佐藤哲博. 2011.『為替デリバティブ取引のトリック』PHP出版.
永野学. 2017.『図解いちばん面白いデリバティブ入門』東洋経済新報社.
日本公認会計士協会. 2000. 会計制度委員会報告第14号「金融商品会計に関する実務指針」(最終改正2018年2月16日).
リスクモンスターデータ工場. 2014.『取引先リスク管理Q&A』株式会社商事法務.

(越智　智子)

第8章 M&A

1 はじめに

わが国の企業は，業界内外，国内外での競争の激化等を背景に，成長性や収益性の拡大戦略の手法として，企業買収をはじめとするM&Aを活発に行ってきた。2003年10月に「企業結合に関する会計基準（以下，企業結合会計基準）」が公表され，国際的な会計基準の統合（コンバージェンス）が進められるなか，企業結合会計基準は2003年以降，2008年，2013年と継続的な改正が行われてきた。本章では，企業結合会計基準設定に至る経緯について事例を挙げて説明する。また，近年，M&Aの領域で会計上，特に検討を要する項目である無形資産の評価，さらに，M&Aの実務の現場から，財務デュー・デリジェンスについて概要を説明する。

2 基準設定に至る経緯

(1) 企業結合の定義

企業結合とは，企業またはある企業を構成する事業と他の企業または他の企業を構成する事業とが，1つの報告単位に統合されることをいい（企業結合会計基準第5項），企業結合会計基準には，企業または事業の組織再編行為の経済的実態に基づき，以下3つに分類されており会計上は，この分類を基礎として

会計処理が定められている（図表8-1も参照）。

> ① **取得**……ある企業が他の企業または企業を構成する事業に対する支配を獲得することをいい，共同支配企業の形成および共通支配下の取引等以外の企業結合と定義される。
> ② **共同支配企業の形成**……複数の独立した企業により共同で支配される企業をいい，共同支配企業の形成とは，複数の独立した企業が契約等に基づき，当該共同支配企業を形成する企業結合をいう。
> ③ **共通支配下の取引**……結合当事企業（または事業）のすべてが，企業結合の前後で同一の株主により最終的に支配され，かつ，その支配が一時的ではない場合の企業結合をいう。

図表8-1 企業結合の類型別の会計処理

類型	イメージ	会計処理
取得	買収	取得企業においては，いわゆるパーチェス法により会計処理が行われる。
共同支配企業の形成	ジョイント・ベンチャー	共同支配企業は，共同支配投資企業から移転する資産および負債を，移転直前に共同支配投資企業において付されていた適正な帳簿価額により計上する。
共通支配下の取引	親会社と子会社（子会社同士）の合併	共通支配下の取引により企業集団内を移転する資産および負債は，原則として，移転直前（合併期日の前日）に付されていた適正な帳簿価額により計上する。

(2) 会計基準の導入から現在まで

① 会計基準公表の経緯

　1990年代以降，わが国の企業を取り巻く環境は著しく変化し，連結経営の定着といった企業行動の変化や取引の複雑化・高度化といった経済実態の変化，わが国の会計基準を国際的水準に調和させる必要性などにより，企業会計審議会は，会計基準の整備を精力的に進めてきていた。

　企業結合会計に関して，諸外国では，当時，すでに企業結合に関する会計基準が適用，もしくは検討段階であったことから，このような状況を背景として，わが国での状況を加味しながら，2003年10月に「企業結合に係る会計基準の設定に関する意見書」が公表され，2006年4月1日以降に開始する事業年度から適用するものとされることとなった。

② 会計基準改正の必要性

　このような経緯で整備された企業結合会計基準であるが，「取得」については，パーチェス法，「持分の結合」については，持分プーリング法を適用するものとし，のれんの会計処理は20年以内のその効果の及ぶ会計期間にわたって償却するものとされ，諸外国における持分プーリング法の禁止，のれんの規則的償却の廃止および減損処理を行うという方向とは一線を画しており，わが国で企業結合会計基準が整備された一方，国際的な会計基準では，わが国の取扱いとは異なるものであった。

　国際的には，わが国の企業結合会計基準が適用された当初より，すべての企業結合についてパーチェス法による会計処理しか認められておらず，持分プーリング法の適用を認めない理由の1つとして，パーチェス法こそが，資産の購入取引に対して一般的な会計処理と整合するというものであり，会計情報の比較可能性を確保できるというものであった。このような背景により，2008年改正の会計基準において，持分プーリング法が廃止されることとなった。他方で，のれんの規則的償却は，2018年現在のわが国の会計基準では，継続して適用されており，長年の間，改正の議論の対象となっている。

　企業結合会計基準公表以降，企業結合会計の経済的実態を正しく認識できる

会計処理方法の確立は，国際財務報告基準とのコンバージェンスとの観点から継続して行われており，M&Aが活発に行われる投資環境下において，適切な投資情報のディスクローズを行う会計基準が要求されている。

図表8-2 企業結合会計の変遷

		米国基準	IFRS	企業結合会計基準(2003)	企業結合会計基準(2008)	企業結合会計基準(2013)
2001年	（平成13）	SFAS141号				
2003年	（平成15）			設定		
2004年	（平成16）		IFRS 3 号	↓		
2005年	（平成17）			↓		
2006年	（平成18）			適用		
2007年	（平成19）	東京合意				
2008年	（平成20）				設定	
2009年	（平成21）				↓	
2010年	（平成22）				適用	
2011年	（平成23）					
2012年	（平成24）					
2013年	（平成25）					設定
2014年	（平成26）					↓
2015年	（平成27）					↓
2016年	（平成28）					適用

(3) 会計基準導入以前の会計処理

当時の日本では，国際的に，企業結合の会計基準の整備はやや遅れており，連結財務諸表原則を除くと企業結合に適用すべき明確な会計処理基準がなかっ

たことから、商法規定の範囲内で幅広い会計処理が行われており（商法288条の2第1項5号, 288条の2第3項）, 商法の条文上, 以下のような, 解釈がなされていた。

> ・被合併会社から承継する純資産額を限度として, 合併会社の資本金を増加させることが可能であった。
> ・合併会社が承継する純資産額と増加する資本金との差額は, 合併会社の資本準備金とする（被合併会社の留保利益を合併会社の留保利益とする）ことができた。

しかし, この承継する純資産額の決め方については, 商法に明文の規定がないため, 時価以下の範囲内であれば承継資産を任意で評価替えすることも, 被合併会社の帳簿価額を引き継ぐこともできると解されていた。また, 資本（株主持分）についても, 増加額をすべて資本金および資本準備金にする方法, 被合併会社の留保利益をそのまま引き継ぐ方法などの選択が認められており, 企業の裁量によって, 自由に決定することが可能とされていた。

(4) 逆さ合併

逆さ合併とは, 相対的に小さな会社を法的な存続会社とし, 他方の大きな実質存続会社を吸収合併することをいい, いわゆる小が大を呑むような合併であり, 法的にも違法なものとされていない。

被合併会社が多額の含み損を抱えている資産（有価証券等）を所有している場合において, 存続会社側は含み損を実現化することができないが, 消滅会社となる場合には, 当該会社の純資産額の範囲内において, 含み損を実現する, すなわち, 含み益と相殺することができた。

含み損を含み益とぶつけることにより, 含み損は一掃することができ, 余剰額は利益剰余金とすることが可能であったのである。

ケース 8-1

200X 年○月, M 貿易とその子会社である W 商事が合併し, 合併時に発生する自己資本の余剰分(合併差益)を活用, M 貿易が抱える株式含み損を一掃し, 財務内容を健全にした。

両社の財務状況(合併時)

	W 商事	M 貿易
総資産	5 億円	990 億円
純資産	2 千万円	20 億円

合併スキーム

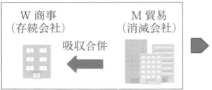

(単位:億円)

会計基準設定前に見られた会計処理

I. 被合併会社合併期日前 B/S
合併期日前残高
諸資産　990　諸負債　　　970
　　　　　　　資本金　　　10
(含み益 +2)　資本剰余金　 20
(含み損 △8)　利益剰余金　△4
　　　　　　　株式評価差額 △6

II. 合併仕訳
　(借方)　　　　(貸方)
諸資産　990　諸負債　　　970
　　　　　　　資本金　　　 5
　　　　　　　合併差益　　13
　　　　　　　利益剰余金　 2

III. 含み損処理
　(借方)　　　　(貸方)
合併差益　 6　諸資産　　　 6

IV. 合併に係る承継純資産額(II+III)
承継純資産額
諸資産　984　諸負債　　　970
　　　　　　　資本金　　　 5
(含み益 +2)　利益剰余金　 2
(含み損 △2)　株式評価差額　0
　　　　　　　資本剰余金　 7

パーチェス法を適用した場合

I. 被合併会社合併期日前 B/S
合併期日前残高
諸資産　990　諸負債　　　970
　　　　　　　資本金　　　10
(含み益 +2)　資本剰余金　 20
(含み損 △8)　利益剰余金　△4
　　　　　　　株式評価差額 △6

II. 合併仕訳
　(借方)　　　　(貸方)
諸資産　984　諸負債　　　970
のれん　　6　資本金　　　 5
　　　　　　　合併差益　　15

III. 含み損処理
―

IV. 合併に係る承継純資産額(II+III)
承継純資産額
諸資産　984　諸負債　　　970
のれん　　6　資本金　　　 5
(含み益 0)　資本剰余金　 15
(含み損 0)

持分プーリング法を適用した場合

I. 被合併会社合併期日前 B/S
合併期日前残高
諸資産　990　諸負債　　　970
　　　　　　　資本金　　　10
(含み益 +2)　資本剰余金　 20
(含み損 △8)　利益剰余金　△4
　　　　　　　株式評価差額 △6

II. 合併仕訳
　(借方)　　　　(貸方)
諸資産　990　諸負債　　　970
　　　　　　　資本金　　　10
(含み益 +2)　資本剰余金　 20
(含み損 △8)　利益剰余金　△4
　　　　　　　株式評価差額 △6

III. 含み損処理
―

IV. 合併に係る承継純資産額(II+III)
承継純資産額
諸資産　990　諸負債　　　970
　　　　　　　資本金　　　10
(含み益 +2)　資本剰余金　 20
(含み損 △8)　利益剰余金　△4
　　　　　　　株式評価差額 △6

上記の例では，会計基準設定前に見られた会計処理のⅢ．含み損処理によると，含み損と含み益の差額である6億円を合併差益により相殺しており，その結果，Ⅳ．合併に係る承継資産額の含み損益は0となり，また，利益剰余金が貸借対照表上計上されている。この利益剰余金こそが，株主に対する配当原資となりうるものであり，資産の含み損を合法的に処理できた巧妙なスキームであったといえる。

3 識別可能資産および負債

(1) 無形資産の識別（PPA）

PPA（Purchase Price Allocation）とは，時価により算定された取得原価を，被取得企業から取得した資産および引き受けた負債のうち識別可能なもの（識別可能資産および負債）にそれらの時価を基礎として配分し，残余をのれんまたは負ののれんとして計上する原価配分プロセスである。M&Aにおいて，取得企業は被取得企業の資産・負債の受入についてパーチェス法を適用するが，パーチェス法の適用に当たり，どのような資産・負債を識別し，それにいくらの時価をつけるのか，無形資産の認識についてPPAは実務上，非常に重要な役割を担っている。

2008年改正企業結合会計基準の適用前は，「取得した資産に法律上の権利又は分離して譲渡可能な無形資産が含まれる場合には，取得原価を当該無形資産等に配分することができる。」（企業結合に係る会計基準三2．(3)）とされ，無形資産を識別することが任意であったため，M&A時における資産計上の過程で，無形資産を認識する事例は少なかったが，当該基準では，「受け入れた資産に法律上の権利など分離して譲渡可能な無形資産が含まれる場合には，当該無形資産は識別可能なものとして取り扱う。」（29項）と規定されたことにより，M&Aにおいて，無形資産を認識するケースが増加してきている（**図表8-3**参照）。

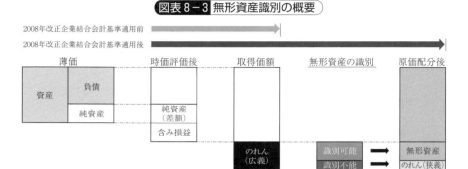

図表 8-3 無形資産識別の概要

(2) 無形資産の例示

日本基準においては、企業結合に際して受け入れた資産に「分離して譲渡可能な無形資産」が含まれる場合には、当該無形資産は識別可能資産とされ、企業結合日の時価で計上される。「分離して譲渡可能な無形資産」は、当該無形資産の独立した価格を合理的に算定できなければならないとされており（適用指針59項）、企業結合会計基準では、「分離して譲渡可能な無形資産」として、図表8-4のように例示されている。

図表 8-4 企業結合会計基準に基づく無形資産の例示

法律上の権利（適用指針58項）	産業財産権（特許権，実用新案権，商標権，意匠権），著作権，半導体集積回路配置，商号，営業上の機密事項，植物の新品種等
無形資産の実態に基づき判断し、分離して譲渡可能なもの（適用指針367項）	ソフトウェア，顧客リスト，特許で保護されていない技術，データベース，研究開発活動の途中段階の成果（最終段階にあるものに限らない。）等

出所：EY Japan (2016), 17。

IFRSでは、企業結合において取得した契約・法的要件もしくは分離可能性要件を満たす識別可能な無形資産は、のれんとは区別して認識しなければならないと規定されている点では、企業結合会計基準と相違ないが（IFRS第3号）、マーケティング、顧客、芸術、契約、技術という分類に基づき、その中で例示

として列挙されている（**図表8-5**）。

図表8-5 IFRSに基づく無形資産の例示

区分	無形資産	区分	無形資産
マーケティング関連	商標・商号	契約関連	ライセンス・ロイヤリティ・使用禁止条項
	サービスマーク,団体商標,証明マーク		広告・建設・経営・サービス・商品納入契約
	商業上の飾り		リース契約
	新聞のマストヘッド		建設許可
	インターネットのドメイン名		フランチャイズ契約
	競業避止契約		営業許可・放映権
顧客関連	顧客リスト		利用権
	受注残		サービサー契約
	顧客との契約・関連する顧客との関係		雇用契約
	契約外の顧客関係	技術関連	特許権を取得した技術
芸術関連	演劇,オペラ,バレエ		ソフトウェア・マスクワーク
	書籍,雑誌,新聞		特許申請中・未申請の技術
	作曲,作詞		データベース
	写真,絵画		企業秘密(秘密の製法・工程等)
	映画またはフィルム,音楽作品等のコンテンツ		仕掛中の研究開発

出所：EY Japan（2016），44。

　企業結合におけるPPAの実務上，無形資産を識別するに当たって，日本基準のみならず，IFRSに例示された無形資産に該当しないかという観点で，検討されることが多く見られる。

　理由として考えられるのは，2018年現在，日本では無形資産に関する包括的な会計基準が存在しないため，日本基準と比較して，無形資産の範囲が具体的に明示され，識別されやすいIFRSに準拠することによって，無形資産の明瞭な会計処理および開示を行うことが可能となるからである。

(3) 無形資産の評価

① 無形資産の評価方法

　識別可能と判断された無形資産の評価手法として，コスト・アプローチ，マーケット・アプローチ，インカム・アプローチの3つの方法に大別される。実務上は，この中から適切な評価手法を選択する必要があり，無形資産の種類，性質，評価目的等を総合的に判断し，最終的に適用するアプローチを決定することとなる（具体的な内容については，本書「第6章　公正価値測定」を参照）。

　上記の評価手法を利用した代表的な無形資産は，**図表8-6**に示すとおりである。

図表 8-6 無形資産の評価手法

アプローチ	評価手法	主な無形資産
コスト・アプローチ	複製原価法 再調達原価法	内部開発ソフトウェア, 人的資産
マーケット・アプローチ	売買取引比較法 利益差分比較法 概算法 市場取替原価法	(米国) フランチャイズ権,開発許可等
インカム・アプローチ	利益分割法 企業価値残存法 超過収益法 ロイヤリティ免除法	ブランド,顧客関連等ほとんどのケースにおいて採用される。

　コスト・アプローチは,資産の取得原価を複製または再調達する場合にいくら要するか算出する方法であり,主に人的資産や社内ソフトウェアの無形資産評価に用いられることが多い。マーケット・アプローチは,市場における取引価格を前提としたアプローチであり,権利やライセンスといった資産のマーケットが存在しない日本では馴染みがなく,適用されることはほとんどない。インカム・アプローチは対象となる無形資産の将来キャッシュ・フローから算出されるものであり,企業の事業価値の評価方法に類似しており,情報を入手することが比較的容易であることから,多くのケースで利用される。

② **コスト・アプローチによる無形資産評価の事例**
　再調達原価法とは,評価対象資産と同一の効用を有する資産を新たに取得する場合の原価を基に対象資産を評価する方法であり,現行の技術を前提に,同じ効用の資産を新たに作成するコストを算定するものである。

ケース8-2

　X社はY社を買収し，PPAを行っている。分離して識別可能資産を調査したところ，Y社が使用している自社開発ソフトウェアが識別可能であることが判明した。当該ソフトウェアは，今後も相当期間にわたり利用可能と見込まれているが，修復不能なバグが含まれていることが判明しており，設計上想定していた機能のうち5％程度が使用不能となっている。

[再調達原価法のパラメータ設定]

税引後複製原価	現在のソフトウェアと同機能のソフトウェアを新たに取得する場合，25人／月の工数を要し，コストは一人400千円／月と見込まれた。再調達原価は25人・月に400千円／人・月を乗じた10,000千円とする。
陳腐化率	本件ソフトウェアは定期的なメンテナンスを実施することで安定的に稼働を続けることができるが，2年後に大規模なチューンアップが予定されている。仮にチューンアップをしなければ，安定的な稼働ができなくなるとのことであり，当該ソフトウェアは実質的にチューンアップ実施直前に陳腐化すると考えられる。本件ソフトウェアの残存耐用年数は2年とする。 陳腐化率は75％ $\left(=\dfrac{経過年数6年}{経過年数6年＋残存耐用年数2年}\right)$ とする。

[再調達原価法の算定過程]

		単位
再調達に必要な工数	(A)	25人・月
工数単価	(B)	400千円／人・月
再調達原価	(C = A × B)	10,000千円
見積残存使用可能年数	(D)	2年
取得日からの経過年数	(E)	6年
見積総耐用年数	(F = D + E)	8年
陳腐化率	(G = E/F)	75％
再調達原価法による評価額	(H = C ×（1－G）)	2,500千円

出所：日本公認会計士協会（2016），42。

4 デュー・デリジェンスの実務

(1) デュー・デリジェンスの意義

デュー・デリジェンス（Due Diligence、以下DD）とは，企業買収など（以下M&A）に際して，ターゲットとなる企業や事業などを対象として行う調査のことをいう。DDは，個別の案件の性質に応じて，「財務」「事業」「法務」「人事」「IT」等さまざまな切り口から行われるが，そのうち，ターゲット企業等の会計に関する調査を財務DDという。

(2) M&Aのプロセス

DDはターゲット企業の現状を把握し，企業価値を算定するにあたって重要な情報を提供するものであり，M&Aにおいて重要な機能を担っているといえ，一般的に，以下のようなプロセスによって行われる。

> ① **買収企業の選定**……M&Aの目的を明確化し，ターゲット企業を選定する。金融機関，フィナンシャル・アドバイザーに情報提供を依頼する場合が主流である。
> 　ターゲット企業が決定したら，事前に必要な情報を入手する。
> ② **買収企業との接触**……ターゲット企業に接触し，条件交渉等を行う。事前に入手した情報以外の詳細な情報を入手し，DDにおいて重点的に調査するポイントを事前に特定しておく。
> ③ **基本合意書の締結**……ターゲット企業との間で買収に関する条件面でのおおむねの合意が得られた場合，基本合意書（LOI = Letter of Intent，MOU = Memorandum of Understanding）を締結する。
> ④ **DDの実施**……ターゲット企業に対して，資料提出の依頼を行い，入手した財務数値の信頼性等について検証する。また，相手先のマネジメントや経理責任者へのインタビュー等も実施することにより，企業の詳細な情報を入手することも行われる。このプロセスでは，買収リスクの評価を行うことを主目的とし，事前に発見できなかった財務情報や買収価額ディスカウント要因となる事象を確認する。

> ターゲット企業が中小企業である場合，2日から1週間程度で行われる。
> DDの結果については，判明した事実をもとに，レポートが作成され，基本合意書で合意した内容について検討が行われる。
> ⑤ **正式な契約書の締結**……ターゲット企業と最終的な交渉を行う。最終段階として，契約書日時にて，買収対価の支払いが行われ，企業あるいは事業の譲渡が実行される。

(3) 財務DDにおける留意事項

財務DDを実施するにあたっては，財務DDのターゲットとなる企業や事業の全般に対して留意すべき①全般的留意事項と，関連する財務諸表の科目等に対して留意すべき②個別上の留意事項がある。

① 全般的留意事項

> ⓐ **会計基準の準拠性**……ターゲットとなる企業は，非上場企業のように法定監査を受けておらず，上場企業では，当たり前に適用されているような会計処理が行われていないケースも多い。本来適用すべき会計処理を行うことにより，当初計上されていなかった負債が顕在化したりすることもあるため，一般に公正妥当と認められる会計基準を適用しているかどうか検討する必要がある。
> ⓑ **見積および判断の十分性**……近年の会計基準では，減損会計や税効果会計等企業自ら見積や判断による会計処理が要求されている。DD時点において，企業が負担すべき債務や将来発生する可能性が高い費用および損失等が財務情報に十分反映されていない可能性があるため，見積や判断を必要とする取引・項目について，企業が採用するルール等慎重に吟味する必要がある。
> ⓒ **不正リスク**……企業の事業活動が複雑化，多様化するなかで，M&Aが活発化しており，特に，海外M&Aにおいては，経済環境，風土，文化の違いから，広範囲において不正リスクが潜在しており，M&A後に想定していなかった損害賠償や訴訟問題に発展しかねないケースもある。財務面においては，粉飾決算，資産の横領等不正な財務報告がないか留意する必要がある。

② 個別上の留意事項

- ⓐ **時価評価**……不動産については，不動産鑑定士による鑑定評価や公示価格，固定資産税評価額等により，時価を推定し，有価証券やゴルフ会員権等については，評価基準日の時価に関する情報を入手することにより，含み損益を把握し，帳簿計上額と比較検討する。
- ⓑ **資産の回収可能性**……売掛金等の債権について，年齢管理および回収状況を把握し，貸倒引当金の計上が十分であるか検討する。
- ⓒ **資産性のない項目の評価**……滞留在庫の販売可能性資産価値，資産の部に計上されている資産の資産性に疑義がないか検討する。
- ⓓ **引当金の合理性**……DD 時点あるいは M&A 後において，将来発生する可能性が高い費用および損失に対して，合理的な金額による引当金の計上が行われているか検討する。
- ⓔ **オフバランス取引**……損害賠償，債務保証，デリバティブ，その他未計上債務，後発事象等の有無を把握し，財務諸表に反映すべきものがないか検討する。
- ⓕ **関連当事者取引**……オーナー個人，親族およびそれらと密接な関係がある企業との取引がないか把握し，通常の第三者との取引と比較して異常な取引条件により取引が行われていないか検討する。

(4) 財務 DD の実務－ケーススタディ

ケース 8-3

　木材商社を営む B 社は，後継者不在のため，企業（事業）を売却する計画を金融機関等に相談していた。そこで，同業の A 社は B 社の顧客を傘下に収め事業規模拡大することを目的として，M&A を検討することとなった。B 社オーナー側は，純資産額の500百万円で全株式を売却したいとの意向である。

　企業より入手した直近の期末における貸借対照表は以下のとおりであり，当該時点を基準日として財務 DD を実施することとする。

	DD対象要約B/S		(単位:百万円)
流動資産		**流動負債**	
現金預金	2,548	買掛金	828
売掛金	944	短期借入金	2,100
棚卸資産	768	未払金	24
その他	35	未払税金	32
固定資産		**固定負債**	
建物・構築物	742	長期借入金	3,500
車両・工具器具	57	退職給付引当金	16
土地	1,115		
投資有価証券	99	**純資産**	
子会社株式	500	資本金	500
長期貸付金	150	利益剰余金	0
その他	42		
資産計	7,000	**負債・純資産計**	7,000

① **財務DDにおける情報の入手**（現場）

財務DDを実施するにあたって，ターゲット企業のDD対象日における情報を入手した（単位：百万円）。

売掛金

過去に倒産した会社に対する債権が44含まれており，全額回収不能であるが，当該債権に係る貸倒引当金は計上されていない。上記を除いた，一般債権の過去の貸倒実績率を算出すると1.0％となった。

棚卸資産

5年超払い出し（出荷）のない滞留在庫が118含まれており，将来の需要が見込めず，販売可能性はないと判断している。

上記の滞留在庫以外の棚卸資産の期末における正味売却価額は620となった。

土地

事業の用に供していない遊休状態の土地255が含まれており，当該土地について不動産鑑定評価を行った結果，162となった。

投資有価証券

時価のある投資有価証券について，簿価79に対して，期末時価は35である。

時価のない投資有価証券について，簿価20に対して，実質価額は8である。

子会社株式

100％子会社であり，債務超過状態の休眠会社がある（子会社は換金性のある資産は保有していない）。

長期貸付金

上記子会社に対する貸付金であり，全額，回収可能性はない。

賞与引当金

支給対象期間に基づく期末現在における支給見込額が50あるが，計上されていない。

退職給付引当金

期末における自己都合要支給額は86，年金資産は52であるが，退職給付引当金は計上されていない。

役員退職慰労引当金

役員退職金規程に基づき，期末要支給額を算定すると45であるが，引当金は計上されていない。

デリバティブ

時価評価による会計処理が行われていない金利スワップ契約があり，時価は△13である。

② **財務DDの結果**（報告）

財務DDを実施し，入手した情報に基づき調整項目を反映した結果，貸借対照表は**図表8-7**のとおりとなった。

（注）便宜上，税金および税効果は考慮しない。

図表 8−7 DD 実施後貸借対照表

DD実施後B/S　　　　　　　　　　　　　　（単位:百万円）

	調整前	調整	調整後		調整前	調整	調整後
流動資産				流動負債			
現金預金	2,548		2,548	買掛金	828		828
＊1　売掛金	944	△53	891	短期借入金	2,100		2,100
＊2　棚卸資産	768	△148	620	未払金	24		24
その他	35		35	未払税金	32		32
				＊7　賞与引当金	0	50	50
固定資産				＊8　金利スワップ負債	0	13	13
建物・構築物	742		742	固定負債			
車両・工具器具	57		57	長期借入金	3,500		3,500
＊3　土地	1,115	△93	1,022	＊9　退職給付引当金	16	18	34
＊4　投資有価証券	99	△56	43	＊10　役員退職慰労引当金	0	45	45
＊5　子会社株式	500	△500	0	純資産			
＊6　長期貸付金	150	△150	0	資本金	500		500
その他	42		42	利益剰余金	0	△1,126	△1,126
資産計	7,000	△1,000	6,000	負債・純資産計	7,000	△1,000	6,000

＊1　回収可能性がない売掛金について44，一般債権に対して9（900×1％）貸倒引当金を設定する。

　　　（借）貸倒引当金繰入　　　　　53　　（貸）貸倒引当金（売掛金）　53

＊2　滞留在庫に対して118，収益性の低下による簿価切り下げによる評価額と簿価との差額30（（768−118）−620）について，棚卸資産評価損を計上する。

　　　（借）棚卸資産評価損　　　　　148　　（貸）棚卸資産　　　　　　　148

＊3　遊休土地を時価評価し，簿価との差額93を減損損失として計上する。

　　　（借）減損損失　　　　　　　　93　　（貸）土地　　　　　　　　　93

＊4　時価のある投資有価証券について44（79-35），時価のない投資有価証券について12（20-8），評価損を計上する。

　　　（借）投資有価証券評価損　　　56　　（貸）投資有価証券　　　　　56

＊5　債務超過状態子会社に対して，全額評価損計上する。

　　　（借）子会社株式評価損　　　　500　　（貸）子会社株式　　　　　　500

＊6　上記子会社債権について全額引当金計上する。

　　　（借）貸倒引当金繰入　　　　　150　　（貸）貸倒引当金（長期貸付金）　150

＊7　期末時における賞与の支給見込額を引当金計上する。

　　　（借）賞与引当金繰入　　　　　50　　（貸）賞与引当金　　　　　　50

＊8　金利スワップの時価評価額を計上する。

　　　（借）金利スワップ損益　　　　13　　（貸）金利スワップ負債　　　13

＊9　期末自己都合要支給額86から年金資産52を控除した額を退職給付引当金とするため，貸借対照表計上額16との差額18について引当金を追加計上する。

　　（借）退職給付費用　　　　　　18　（貸）退職給付引当金　　　　18
＊10　役員退職慰労引当金について，

　　（借）役員退職慰労引当金繰入　45　（貸）役員退職慰労引当金　　45

（注）当資料における事例は，財務 DD のイメージを理解するために作成されたものであり，会計処理および表示科目等については実際と異なることについて留意する必要がある。

5　おわりに

　メディアを通じて，「M&A」という用語は以前よりも身近なものとして取り扱われている。M&A，本章における企業結合であるが，歴史的背景を理解し，企業結合の過程における実務等に触れることで，会計的側面から M&A に対する関心を持っていただきたい。

●参考文献

企業会計審議会．2003．「企業結合に係る会計基準の設定に関する意見書」．
佐和周．2016．『M&A における財務・税務デューデリジェンスのチェックリスト』中央経済社．
日本公認会計士協会．2003．経営研究調査会研究報告第16号「企業組織再編成の実務」https://jicpa.or.jp/specialized_field/publication/files/00183-000304.pdf
日本公認会計士協会．2016．経営研究調査会研究報告第57号「無形資産の評価実務—M&A 会計における評価と PPA 業務—」https://jicpa.or.jp/specialized_field/files/2-3-57-2a-20160621.pdf
EY Japan（編）．2016．『M&A における PPA の実務』中央経済社．

（水谷　彰）

第9章 収益認識

1 はじめに

　わが国の企業会計原則に,「売上高は,実現主義の原則に従い,商品等の販売または役務の給付によって実現したものに限る。」と定めがあり,考え方としてのフレームワークはあるが,収益認識に関する包括的な会計基準は存在してなかった。国際的な動向としては,収益認識に関する包括的な会計基準の開発が行われ,2014年5月に「顧客との契約から生じる収益」(IASBのIFRS第15号,FASBのASU No. 2014-09, Topics 606)が公表されている。
　これらの状況を踏まえ,企業会計基準委員会は,2018年3月30日に,「収益認識に関する会計基準」(以下,基準)および「収益認識に関する会計基準の適用指針」(以下,指針)を公表した。ただし,会計基準等の適用は,2021年4月1日以後開始事業年度から(早期適用可)となっており,導入にあたっての準備期間が設けられている。
　基準開発の基本的な方針として,国際的な財務諸表間の比較可能性の観点から,IFRS第15号の基本的な原則をとり入れており,わが国で行われてきた会計実務にも配慮し,比較可能性を損なわせない範囲で代替的な取扱いを追加したとしている。
　本章では,新会計基準の基本的な考え方を理解し,従来の日本基準の実務と異なる点を中心に解説をする。

2 収益認識の5つのステップ

(1) 基本となる原則

基準の基本となる原則は,「約束した財またはサービスの顧客への移転を当該財またはサービスと交換に企業が権利を得ると見込む対価の額で描写するように収益を認識する。」(基準16項) ことである。

(2) 5つのステップ

基本となる原則に従って収益を認識するため,次の5つのステップを適用する(基準17項)。

> **ステップ1:契約を識別**
> 収益認識の基礎は顧客との契約で,収益認識の対象となる契約を識別する。
> ↓
> **ステップ2:履行義務を識別**
> 契約に含まれる履行義務を識別し,顧客との契約において複数の履行義務を識別する場合は別々に会計処理する。
> ↓
> **ステップ3:取引価格を算定**
> 契約条件や取引慣行等を考慮して取引価格を算定する。
> ↓
> **ステップ4:履行義務に取引価格を配分**
> 独立販売価格の比率に基づいて,取引価格を識別された履行義務に配分する。
> ↓
> **ステップ5:履行義務の充足時に収益認識**
> 財またはサービスに対する支配の顧客への移転に基づき収益を認識する。

具体例を以下のケースで見てみよう。

> **ケース9-1** 収益認識の5つのステップ
>
> **(前提)**
>   当期首に，パソコンの販売（180千円）と2年間のテクニカル相談サービスの提供（10千円）の2つの契約をし，当期首にパソコンを引き渡し，当期から2年間のテクニカル相談サービスを提供する。ただし，パソコンとテクニカル相談サービスを単独で契約する場合には，パソコンの販売は180千円，2年間のテクニカル相談サービスは20千円である。
>   この場合，パソコンの独立販売価格は180千円，テクニカル相談サービスの独立販売価格は20千円であり，独立販売価格の合計額は200千円である。
>
> **(5つのステップ)**
>   ステップ1で，2つの契約は単一の契約とみなして契約を結合する。
>   ↓
>   ステップ2で，履行義務をパソコンの販売とテクニカル相談サービスに識別する。
>   ↓
>   ステップ3で，契約全体の取引価格を190千円（180千円＋10千円）と算定する。
>   ↓
>   ステップ4で，パソコンの販売の履行義務の取引価格を171千円（190千円×180千円÷200千円），テクニカル相談サービスの履行義務の取引価格を19千円（190千円×20千円÷200千円）に配分する。
>   ↓
>   ステップ5で，パソコンの販売は当期首に171千円，テクニカル相談サービスは当期に9.5千円，翌期に9.5千円を収益計上する。

ケース9-1の収益認識の5つのステップを図表で説明すると，**図表9-1**のとおりである。

図表9-1 収益認識の5つのステップ

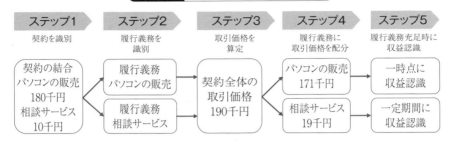

3 契約を識別（ステップ1）

(1) 契約の識別

契約とは，法的な強制力のある権利および義務を生じさせる複数の当事者間における取決めであり，契約における権利および義務の強制力は法的な概念に基づくものであり，契約は書面，口頭，取引慣行等により成立する（基準20項）。

(2) 契約の結合

同一の顧客（関連当事者を含む）と同時またはほぼ同時に締結した複数の契約について，次のいずれかに該当する場合には，単一の契約とみなして処理する（基準27項）。

① 同一の商業的目的を有するものとして交渉されたこと
② 1つの契約において支払われる対価の額が，他の契約の価格または履行により影響を受けること
③ 約束した財またはサービスが単一の履行義務となること

(代替的な取扱い)

次のいずれも満たす場合には，複数の契約を結合せず，個々の契約において定められている顧客に移転する財またはサービスの内容を履行義務とみなし，個々の契約において定められている当該財またはサービスの金額に従って収益

を認識することができる（指針101項）。

> ① 顧客との個々の契約が当事者間で合意された取引の実態を反映する実質的な取引の単位であると認められること
> ② 顧客との個々の契約における財またはサービスの金額が合理的に定められていることにより，当該金額が独立販売価格と著しく異ならないと認められること

また，工事契約について，当事者間で合意された実質的な取引の単位を反映するように複数の契約を結合した際の収益認識の時期および金額と当該複数の契約について，収益認識の時期および金額との差異に重要性が乏しいと認められる場合には，当該複数の契約を結合し，単一の履行義務として識別することができる（指針102項）。

(3) 契約の変更

契約変更について，次のいずれも満たす場合には，契約変更を独立した契約として処理（新たな契約の締結として反映）する（基準30項）。

> ① 別個の財またはサービスの追加により契約の範囲が拡大されること
> ② 独立販売価格に適切な調整を加えた金額が増額されること

契約変更が独立した契約として処理されない場合には，契約変更日において未だ移転していない財またはサービスが契約変更日以前に移転した財またはサービスと別個のものであるかどうかにより処理する（基準31項）。

> ① 別個のものである場合（たとえば，別個の機械の追加販売）には，既存の契約を解約して新しい契約を締結したものと仮定して処理（将来に向かって影響を反映）する。
> ② 別個のものでない場合（たとえば，建物の建設の追加工事）には，既存の契約の一部であると仮定して処理（累積的な影響を変更時に反映）する。
> ③ 別個のものと別個のものでない組合せの場合には，変更後の契約における未充足の履行義務に与える影響を①または②の方法に基づき処理する。

契約変更時の処理を図表で説明すると，**図表9−2**のとおりである。

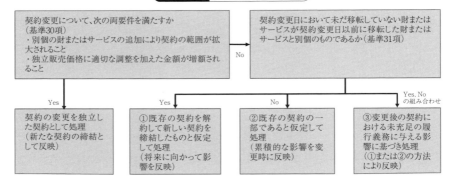

図表9−2 契約変更時の処理

（代替的な取扱い）

契約変更による財またはサービスの追加が既存の契約内容に照らして重要性が乏しい場合には，上記のいずれの処理も適用することができる（指針92項）。

具体例を以下のケースで見てみよう。

ケース9−2　機械の契約の変更

（前提）

機械メーカーは，当期首に，機械Aと機械Bを各1,000千円で販売する契約を締結した。

当第1四半期末では，機械Aは引渡し，機械Bは未引渡しであり，当第2四半期に契約の変更を行い，機械Cを900千円の増額で追加販売する契約を締結し，当第3四半期末に機械B，当期末に機械Cを引き渡した。

機械A，機械B，機械Cの独立販売価格は各1,000千円であり，機械A，機械B，機械Cは別個の機械である。

（当第1四半期の機械Aの販売の会計処理）
　（借）　売掛金　1,000千円　　　（貸）　売上高　1,000千円

（当第3四半期の機械Bの販売の会計処理）

(借) 売掛金　　950千円　　　（貸) 売上高　　950千円

（当期末の機械Cの販売の会計処理）
(借) 売掛金　　950千円　　　（貸) 売上高　　950千円

　従来の日本基準の実務では，機械Bは1,000千円，機械Cは900千円で売上計上となったが，契約変更が独立した契約でなく，機械Aと機械Bが別個である場合には，既存の契約を解約して，機械Bと機械Cを1,900千円で新しく契約したと仮定して会計処理することになり，機械Bと機械Cは独立販売価格が同額であるため，各950千円で売上計上することになる。

　ただし，代替的な取扱いとして，重要性が乏しい場合には，従来の会計処理も容認することができる。

4　履行義務を識別（ステップ2）

(1) 約束した財またはサービスが別個のものか否かの判断

　契約における取引開始日に，顧客との契約において，次のいずれかを顧客に移転する約束のそれぞれについて履行義務として識別する（基準32項）。

① 別個の財またはサービス（あるいは別個の財またはサービスの束）
② 一連の別個の財またはサービス（特性が実質的に同じであり，顧客への移転のパターンが同じである複数の財またはサービス）

次のいずれも満たす場合には，別個のものとする（基準34項）。

① 当該財またはサービスから単独で顧客が便益を享受することができること，あるいは，当該財またはサービスと顧客が容易に利用できる他の資源を組み合わせて顧客が便益を享受することができること（すなわち，当該財またはサービスが別個のものとなる可能性があること）
② 当該財またはサービスを顧客に移転する約束が，契約に含まれる他の約束

と区分して識別できること（すなわち、当該財またはサービスを顧客に移転する約束が契約の観点において別個のものとなること）

（代替的な取扱い）

約束した財またはサービスの定量的および定性的な性質を考慮し、契約全体における当該約束した財またはサービスが、顧客との契約の観点で相対的に重要性が乏しい場合には、当該約束が履行義務であるのかについて評価しないことができる（指針93項）。

また、顧客が商品等に対する支配を獲得した後に行う出荷および配送活動については、商品等を移転する約束を履行するための活動として処理し、履行義務として識別しないことができる（指針94項）。

(2) 本人と代理人の区分（総額表示または純額表示）

顧客との約束が財またはサービスを企業が自ら提供する履行義務である場合は、企業が本人に該当し、当該財またはサービスの提供と交換に企業が権利を得ると見込む対価の総額を収益として認識する（指針39項）。

顧客との約束が財またはサービスを他の当事者によって提供されるように企業が手配する履行義務である場合は、企業が代理人に該当し、他の当事者により提供されるように手配することと交換に企業が権利を得ると見込む報酬または手数料の金額を収益として認識する（指針40項）。

財またはサービスが顧客に提供される前に企業が当該財またはサービスを支配しているときには、企業は本人に該当し、支配していないときには、企業は代理人に該当する（指針43項）。

企業が本人に該当するかどうかを判定するにあたっては、たとえば、次の指標を考慮する（指針47項）。

① 企業が財またはサービスを提供するという約束の履行に対して主たる責任を有していること
② 財またはサービスが顧客に提供される前、あるいは財またはサービスに対する支配が顧客に移転した後において、企業が在庫リスクを有していること
③ 財またはサービスの価格の設定において企業が裁量権を有していること。

具体例を以下のケースで見てみよう。

> **ケース9-3** 小売店での消化仕入
>
> **(前提)**
> 　小売店は，仕入先と消化仕入契約の締結により，仕入先の商品を店頭に陳列し，顧客に販売した額の70％を仕入先に支払う契約をしている。当期は，小売店の販売は100,000千円で，70,000千円で仕入している。
> 　この消化仕入契約は，顧客への商品の販売時に商品の所有権が仕入先から小売店に移転し同時に顧客に移転しており，小売店は，商品の販売代金を顧客から受け取り，販売代金の70％を仕入先に対して支払義務を負っている。小売店は，在庫リスクを有してなく，顧客に販売されるまでのどの時点においても，その使用を指図する能力を有していない。小売店は，自らの履行義務は商品が提供されるように手配することであり，代理人に該当し，商品を支配していない。
>
> **(当期の会計処理)**
>
> 　　(借)　現金預金　100,000千円　　(貸)　買掛金　　70,000千円
> 　　　　　　　　　　　　　　　　　　　　　手数料収入 30,000千円
>
> 　従来の日本基準の実務では，代理人に該当する場合であっても，以下のように，本人に該当する場合の会計処理も見受けられる。
>
> 　　(借)　仕入高　　 70,000千円　　(貸)　買掛金　　70,000千円
> 　　(借)　現金預金　100,000千円　　(貸)　売上高　 100,000千円

(3) 追加の財またはサービスを取得するオプションの付与（ポイント制度等）

　追加の財またはサービスを取得するオプションを付与する場合には，オプションが契約を締結しなければ顧客が受け取れない重要な権利を提供するときにのみ，当該オプションから履行義務が生じる。この場合には，将来の財またはサービスが移転する時，あるいは当該オプションが消滅する時に収益を認識

する（指針48項）。

具体例を以下のケースで見てみよう。

> **ケース9-4** **自社ポイントの付与**
>
> **（前提）**
>
> 商品を1,000千円販売した。10円で1ポイント付与（付与率10％）され，1ポイント当たり1円の値引きを受けることができ，ポイントの使用率は80％である。
>
> **（販売時の会計処理）**
>
> （借）現金預金　1,000千円　　（貸）売上高　　926千円
> 　　　　　　　　　　　　　　　　　契約負債　　74千円
>
> 取引価格1,000千円に付与されるポイントは，100千ポイント（付与率10％）であり，その独立販売価格は，80千円（使用率80％）である。
>
> 商品とポイントの独立販売価格での配分は，以下のとおりである。
>
> 商品　　926千円＝1,000千円×1,000千円÷（1,000千円＋80千円）
> ポイント　74千円＝1,000千円×80千円÷（1,000千円＋80千円）
>
> 従来の日本基準における実務では，将来にポイントとの交換に要すると見込まれる費用を引当金として計上する処理が多く見受けられる。新会計基準では，ポイント制度等において，当該ポイントが重要な権利を顧客に提供すると判断される場合，当該ポイント部分について履行義務として識別し，収益の計上が繰り延べられ，付与するポイントについての引当金処理は認められない。

5　取引価格を算定（ステップ3）

取引価格とは，財またはサービスの顧客への移転と交換に企業が権利を得ると見込む対価の額であり，第三者のために回収する額を含まないものをいう。

取引価格の算定にあたっては，契約条件や取引慣行等を考慮する（基準47項）。

(1) 変動対価（売上等に応じて変動するリベート等）

変動対価の額の見積りにあたっては，最頻値法（発生し得ると考えられる対価の額における最も可能性の高い単一の金額による方法）または期待値法（発生し得ると考えられる対価の額を確率で加重平均した金額による方法）のいずれかのうち，企業が権利を得ることとなる対価の額をより適切に予測できる方法を用いる（基準51項）。

変動対価の額については，変動対価の額に関する不確実性が事後的に解消される際に，解消される時点までに計上された収益の著しい減額が発生しない可能性が高い部分に限り取引価格に含める（基準54項）。

具体例を以下のケースで見てみよう。

ケース9-5　家電メーカーの負担する値引き

(前提)

家電メーカーは，四半期ごとの売上高に対して，家電量販店の値引き販売に対して一定のルールに基づき値引きを負担している。当第1四半期の売上高100,000千円に対して，以下の値引き後の金額を見積もった。なお，収益の著しい減額が発生しない可能性が高いと判断している。

値引き後の金額　　発生確率
　70,000千円　　　20％
　80,000千円　　　70％
　90,000千円　　　10％

期待値
　79,000千円＝70,000千円×20％＋80,000×70％＋90,000千円×10％

最頻値
　80,000千円

(当第1四半期の会計処理)
・期待値法がより適切な場合
　（借）売掛金　79,000千円　（貸）売上高　　79,000千円

・最頻値法がより適切な場合
(借)売掛金　80,000千円　(貸)売上高　80,000千円

　家電メーカーが家電量販店に対して負担する値引きに関しては，期待値法または最頻値法により見積もられた額のうち，将来の値引きの額に関する不確実性が事後的に解消される際に，解消される時点までに計上された収益の著しい減額が発生しない可能性が高い部分に限り，収益の額を計上することになる。
　従来の日本基準における実務では，将来の値引き額を合理的に見積って，引当金に計上する場合や販売費に未払計上する場合が多かったが，新会計基準では認められなくなった。

(2) 顧客に支払われる対価(キャッシュ・バック，リベート等)

　顧客に支払われる対価は，顧客から受領する別個の財またはサービスと交換に支払われるものである場合を除き，取引価格から減額する(基準63項)。
　具体例を以下のケースで見てみよう。

ケース9-6　キャッシュ・バック

(前提)

　レーザープリンターを1台100千円で販売し，1ヵ月使用後にアンケートに応じれば，20千円のキャッシュ・バックがある。
　当第1四半期の売上高は，1,000台100,000千円で，アンケートの回答率は90%が見込まれている。

(当第1四半期の会計処理)

(借)現金預金　100,000千円　(貸)売上高　　82,000千円
　　　　　　　　　　　　　　　　　未払費用　18,000千円
　　　　　　　　　　　　　　　　　(20,000千円×90%)

　従来の日本基準の実務では，収益から控除する会計処理と販売費とし

て処理する実務のいずれも見受けられたが，新会計基準では，キャッシュ・バックの顧客への支払は取引価格から減額する。

(3) 返品権付き販売

返品権付きの商品等を販売した場合は，次の処理をする（指針85項）。

① 企業が権利を得ると見込む対価の額で収益を認識する。
② 返品されると見込まれる商品等については，収益を認識せず，当該商品等について受け取った対価の額で返金負債を認識する。
③ 返金負債の決済時に顧客から商品等を回収する権利について資産を認識する。

返金負債の決済時に顧客から商品等を回収する権利として認識した資産の額は，当該商品等の従前の帳簿価額から予想される回収費用（当該商品等の価値の潜在的な下落の見積額を含む）を控除し，各決算日に当該控除した額を見直す（指針88項）。

具体例を以下のケースで見てみよう。

ケース9-7 返品権付き販売

（前提）

既製服の製造業者が既製服を100,000千円で販売し，その売上原価は60,000千円であり，20％の返品が見込まれる。

回収コストには重要性がなく，返品された既製服は原価以上の販売価格で販売できると見込まれる。

（会計処理）

（借）	現金預金	100,000千円	（貸）	売上高	80,000千円
				返金負債	20,000千円
（借）	売上原価	48,000千円	（貸）	棚卸資産	60,000千円
	返品資産	12,000千円			

> 従来の日本基準の実務では，100,000千円を売上に計上し，売上総利益を40,000千円（100,000千円－60,000千円）計上し，返品調整引当金を8,000千円（40,000千円×20%，返品見込額の売上総利益相当額）計上していたが，新会計基準では，返品調整引当金の計上は認められなくなり，予想される返品部分に関しては，販売時に収益認識しないことになる。

6 履行義務に取引価格を配分（ステップ4）

契約におけるそれぞれの履行義務の基礎となる別個の財またはサービスについて，契約における取引開始日の独立販売価格を算定し，取引価格を当該独立販売価格の比率に基づき配分する（基準68項）。

財またはサービスの独立販売価格を直接観察できない場合の当該独立販売価格の見積方法には，たとえば，次の方法がある（指針31項）。

① 調整した市場評価アプローチ（財またはサービスが販売される市場を評価して，顧客が支払うと見込まれる価格を見積る方法）
② 予想コストに利益相当額を加算するアプローチ（履行義務を充足するために発生するコストを見積り，当該財またはサービスの適切な利益相当額を加算する方法）
③ 残余アプローチ（契約における取引価格の総額から契約において約束した他の財またはサービスについて観察可能な独立販売価格の合計額を控除して見積る方法）

残余アプローチは，次のいずれかに該当する場合に限り使用できる（指針31項）。

① 同一の財またはサービスを異なる顧客に同時またはほぼ同時に幅広い価格帯で販売していること
② 当該財またはサービスの価格を企業が未だ設定しておらず，当該財またはサービスを独立して販売したことがないこと

(代替的な取扱い)

重要性が乏しいと認められるときは、残余アプローチを使用することができる（指針100項）。

独立販売価格の比率に基づく配分の具体例は、ケース9−1、ケース9−4で既に示した。

7　履行義務の充足時に収益認識（ステップ5）

(1) 履行義務の充足による収益の認識

企業は約束した財またはサービス（以下、資産）を顧客に移転することにより履行義務を充足した時にまたは充足するにつれて、収益を認識する。資産が移転するのは、顧客が当該資産に対する支配を獲得した時または獲得するにつれてである（基準35項）。

資産に対する支配とは、当該資産の使用を指図し、当該資産からの残りの便益のほとんどすべてを享受する能力をいう（基準37項）。

(2) 一定の期間にわたり充足される履行義務

次のいずれかを満たす場合、資産に対する支配を顧客に一定の期間にわたり移転することにより、一定の期間にわたり履行義務を充足し収益を認識する（基準38項）。

> ① 企業が顧客との契約における義務を履行するにつれて、顧客が便益を享受すること（たとえば、清掃サービス）
> ② 企業が顧客との契約における義務を履行することにより、資産が生じるまたは資産の価値が増加し、当該資産が生じるまたは当該資産の価値が増加するにつれて、顧客が当該資産を支配すること（たとえば、顧客の土地の上に建物を建設）
> ③ 企業が顧客との契約における義務を履行することにより、別の用途に転用することができない資産が生じ、企業が顧客との契約における義務の履行を

完了した部分について，対価を収受する強制力のある権利を有していること（たとえば，③の要件を満たすコンサルティング）

　履行義務の充足に係る進捗度を合理的に見積ることができる場合にのみ，一定の期間にわたり充足される履行義務について収益を認識する（基準44項）。
　履行義務の充足に係る進捗度を合理的に見積ることができないが，当該履行義務を充足する際に発生する費用を回収することが見込まれる場合には，履行義務の充足に係る進捗度を合理的に見積ることができる時まで，一定の期間にわたり充足される履行義務について原価回収基準（履行義務を充足する際に発生する費用のうち，回収することが見込まれる費用の金額で収益を認識する方法）により処理する（基準45項）。

（代替的な取扱い）

　工事契約について，契約における取引開始日から完全に履行義務を充足すると見込まれる時点までの期間がごく短い場合には，一定の期間にわたり収益を認識せず，完全に履行義務を充足した時点で収益を認識することができる（指針95項）。また，受注制作のソフトウェアについても，同様に適用することができる（指針96項）。
　また，一定の期間にわたり充足される履行義務について，契約の初期段階において，履行義務の充足に係る進捗度を合理的に見積ることができない場合には，当該契約の初期段階に収益を認識せず，当該進捗度を合理的に見積ることができる時から収益を認識することができる（指針99項）。
　具体例を以下のケースで見てみよう。

ケース9-8　原価回収基準

（前提）
　当期首に建物の建設の契約を締結した。受注価格は100,000千円である。当期末において，当期に発生した工事原価は40,000千円で，履行義務の充足に係る進捗度を合理的に見積ることができないが，当該履行義務を

充足する際に発生する費用40,000千円は回収することが見込まれる。

(当期の会計処理)

(借) 工事未収入金　　40,000千円　　(貸) 工事売上高　　40,000千円
(借) 工事原価　　　　40,000千円　　(貸) 工事未払金　　40,000千円

　従来の日本基準の実務では、工事契約に関しては、工事の進捗部分について成果の確実性が認められる場合には、工事進行基準が適用されていた。
　従来の日本基準の実務と大きく異なるのは、履行義務の充足に係る進捗度を合理的に見積ることができない場合であっても、工事完成基準を適用するのではなく、原価回収基準に従い、回収が見込まれる原価の額と同額の収益を計上しなければならないことに留意する必要がある。

(3) 一時点で充足される履行義務

　履行義務が一定の期間にわたり充足されるものではない場合には、一時点で充足される履行義務として、資産に対する支配を顧客に移転することにより当該履行義務が充足される時に、収益を認識する(基準39項)。
　支配の移転を検討する際には、次の指標を考慮する(基準40項)。

① 企業が顧客に提供した資産に関する対価を収受する現在の権利を有していること
② 顧客が資産に対する法的所有権を有していること
③ 企業が資産の物理的占有を移転したこと
④ 顧客が資産の所有に伴う重大なリスクを負い、経済価値を享受していること
⑤ 顧客が資産を検収したこと

(代替的な取扱い)

　商品等の国内の販売において、出荷時から当該商品等の支配が顧客に移転される時までの期間が通常の期間(取引慣行ごとに合理的と考えられる日数)である場合には、出荷時から当該商品等の支配が顧客に移転される時までの間の一

時点（たとえば，出荷時や着荷時）に収益を認識することができる（指針98項）。
具体例を以下のケースで見てみよう。

> **ケース9-9** 代替的な取扱いとしての出荷基準での売上計上
>
> 国内の顧客に対してオンラインショッピングを行っている。遠方の顧客であっても，国内販売のため，原則として出荷日から3日以内で配達され顧客が受領しており，出荷日で売上計上している。
>
> 従来の日本基準における実務では，企業会計原則においては，物品の販売に関して，実現主義の原則に従い，商品の販売によって実現したものに限り収益を認識することとされている。実務上は，出荷基準，引渡基準または検収基準等が採用されている。
>
> 収益認識に関する会計基準において，国内の販売において，出荷時から商品の支配が顧客に移転される時までの期間が数日程度の場合，金額的重要性が乏しいと想定され，財務諸表間の比較可能性を大きく損なうものでないため，代替的な取扱いとして，出荷基準での売上計上することが認められる。

(4) ライセンスの供与（ソフトウェア，技術，フランチャイズ，特許権等）

ライセンスは，企業の知的財産に対する顧客の権利を定めるものである。ライセンスを供与する約束が，顧客との契約における他の財またはサービスを移転する約束と別個のものでない場合には，ライセンスを供与する約束と当該他の財またはサービスを移転する約束の両方を一括して単一の履行義務として処理し，一定の期間にわたり充足される履行義務であるか，または一時点で充足される履行義務であるかを判定する（指針61項）。

ライセンスを供与する約束が，別個のものであり，独立した履行義務である場合には，顧客に次のいずれを提供するものかを判定する（指針62項）。

① ライセンス期間にわたり存在する企業の知的財産にアクセスする権利
　（一定の期間にわたり充足される履行義務）
② ライセンスが供与される時点で存在する企業の知的財産を使用する権利

(一時点で充足される履行義務)

　ライセンスを供与する際の企業の約束の性質は，次のすべてに該当する場合には，顧客が権利を有している知的財産の形態，機能性または価値が継続的に変化しており，企業の知的財産にアクセスする権利を提供するものである（指針63項）。

① 　知的財産に著しく影響を与える活動を企業が行うことが合理的に期待されていること
② 　知的財産に著しく影響を与える活動により顧客が直接的に影響を受けること
③ 　知的財産に著しく影響を与える企業の活動の結果として財またはサービスが顧客に移転しないこと

(5) 顧客により行使されない権利（非行使部分）

　将来において財またはサービスを移転する履行義務については，顧客から支払を受けた時に，支払を受けた金額で契約負債を認識する。財またはサービスを移転し，履行義務を充足した時に，当該契約負債の消滅を認識し，収益を認識する（指針52項）。

　契約負債における非行使部分について，企業が将来において権利を得ると見込む場合には，当該非行使部分の金額について，顧客による権利行使のパターンと比例的に収益を認識する。契約負債における非行使部分について，企業が将来において権利を得ると見込まない場合には，当該非行使部分の金額について，顧客が残りの権利を行使する可能性が極めて低くなった時に収益を認識する（指針54項）。

具体例を以下のケースで見てみよう。

> **ケース 9-10　商品券**
>
> **(前提)**
>
> | | |
> |---|---|
> | 当期の当社発行商品券の販売額 | 110,000千円 |
> | 当期の商品券の使用額（収益計上額） | 80,000千円 |
> | 翌期以降の商品券の使用見込額 | 20,000千円 |
> | 企業が将来において権利を得ると見込む額 | 10,000千円 |
>
> **(当期の会計処理)**
>
> | | | | | | |
> |---|---|---|---|---|---|
> | (借) | 現金預金 | 110,000千円 | (貸) | 契約負債 | 110,000千円 |
> | (借) | 契約負債 | 80,000千円 | (貸) | 売上高 | 80,000千円 |
> | (借) | 契約負債 | 8,000千円 | (貸) | 雑収入 | 8,000千円 |
>
> 商品券については、企業が将来において権利を得ると見込む額10,000千円に関しては、使用見込額100,000千円（80,000千円＋20,000千円）を当期の収益計上額（80,000千円）で比例して収益を8,000千円（10,000千円×80,000千円÷100,000千円）計上する。
>
> **(従来の日本基準の実務での当期の会計処理)**
>
> | | | | | | |
> |---|---|---|---|---|---|
> | (借) | 現金預金 | 110,000千円 | (貸) | 前受金 | 110,000千円 |
> | (借) | 前受金 | 80,000千円 | (貸) | 売上高 | 80,000千円 |
>
> 従来の日本基準における実務では、発行した商品券等については、一定期間経過後に一括して未使用部分を収益として認識し、使用見込額を引当金計上する実務が見受けられる。新会計基準では、非行使部分の金額について、企業が将来において権利を得ると見込む場合には、顧客による権利行使のパターンと比例的に収益を認識する。

(6) 返金が不要な契約における取引開始日の顧客からの支払

契約における取引開始日またはその前後に，顧客から返金が不要な支払を受ける場合には，履行義務を識別するために，当該支払が約束した財またはサービスの移転を生じさせるものか，あるいは将来の財またはサービスの移転に対するものかどうかを判断する（指針57項）。

約束した財またはサービスの移転を生じさせるものでない場合には，将来の財またはサービスの移転を生じさせるものとして，当該将来の財またはサービスを提供する時に収益を認識する。ただし，契約更新オプションを顧客に付与する場合において，当該オプションが重要な権利を顧客に提供するものに該当するときは，当該支払について，契約更新される期間を考慮して収益を認識する（指針58項）。

約束した財またはサービスの移転を生じさせるものである場合には，当該財またはサービスの移転を独立した履行義務として処理するかどうかを判断する（指針59項）。

(7) 有償支給取引

有償支給取引において，企業が支給品を買い戻す義務を負っていない場合，企業は当該支給品の消滅を認識することとなるが，当該支給品の譲渡に係る収益は認識しない。一方，有償支給取引において，企業が支給品を買い戻す義務を負っている場合，企業は支給品の譲渡に係る収益を認識せず，当該支給品の消滅も認識しないこととなる（指針104項）。

(代替的な取扱い)

譲渡された支給品は，物理的には支給先において在庫管理が行われているため，企業による在庫管理に関して実務上の困難さを踏まえ，個別財務諸表においては，支給品の譲渡時に当該支給品の消滅を認識することができることとした（指針181項）。

8 おわりに

　収益認識に関する会計基準は，企業の財務諸表数値として最も重要な売上高の計上金額に影響を与え，売上高の計上時期にも影響を与えるため利益にも大きな影響を与えることが予想され，経営指標（KPI），経営計画の見直しを行う必要がある。

　このため，新会計基準の概要を理解し，業務に与える影響を検討し，対応部署，実施方法，スケジュール等を詳細に策定する必要があり，業務プロセスの見直し，システムの見直しを検討する必要がある。また，取引の内容を整理し取引先との契約を整理し，場合によっては取引先と交渉を行う余地がある。また，契約ごとに履行義務を識別し，識別された履行義務ごとに，財務に与える影響を具体的に検討し，会計処理等を具体的に検討し，会計処理基準を作成し，具体的なマニュアル等の文書化を行う必要がある。

● 参考文献 ─────────

企業会計基準委員会．2018．企業会計基準第29号「収益認識に関する会計基準」．
企業会計基準委員会．2018．企業会計基準適用指針第30号「収益認識に関する会計基準の適用指針」．
桜井久勝．2018．『財務会計講義（第19版）』中央経済社．
新日本有限監査法人．2018．『何が変わる？収益認識の実務〜影響と対応』中央経済社．
PwCあらた有限責任監査法人．2018．『収益認識の会計実務　基本・応用・IFRS対応』中央経済社．
島田謡子，岡部健介．2018．「企業会計基準第29号「収益認識に関する会計基準」等の概要」『企業会計』70（7）：80-91．
内田正剛．2018．「図解と事例で学ぶ！収益認識基準（第1回）収益認識基準の概要」『週刊経営財務』3372：12-20．

（澁谷　英司）

第10章 リース

1 はじめに

　日本において，1993年に「リース取引に係る会計基準」が，当時の大蔵省企業会計審議会より「リース取引に係る会計基準に関する意見書」に含まれて公表された。その意見書では，「なお，本基準を実務に適用する場合の具体的な指針等については，今後，日本公認会計士協会が関係者と協議のうえ適切に措置する必要があると考える。」と記載されている。それを受け，1994年に日本公認会計士協会より「リース取引の会計処理及び開示に関する実務指針」が公表された。その後，2007年に，「リース取引に関する会計基準」及び「リース取引に関する会計基準の適用指針」が公表，改正されている。

　リース会計に関する会計基準の結論の背景において，次のような記載がされている。

　「改正前会計基準では，ファイナンス・リース取引については，通常の売買取引に係る方法に準じて会計処理を行うこととされており，その理由として，『リース取引に係る会計基準に関する意見書』（企業会計審議会第一部会，1993年6月17日）では，『我が国の現行の企業会計実務においては，リース取引は，その取引契約に係る法的形式に従って，賃貸借取引として処理されている。しかしながら，リース取引の中には，その経済的実態が，当該物件を売買した場合と同様の状態にあると認められるものがかなり増加してきている。かかるリース取引について，これを賃貸借取引として処理することは，その取引実態

を財務諸表に的確に反映するものとはいいがたく，このため，リース取引に関する会計処理および開示方法を総合的に見直し，公正妥当な会計基準を設定することが，広く各方面から求められてきている。』」(28項)

また，「一方，改正前会計基準では，ファイナンス・リース取引のうち所有権移転外ファイナンス・リース取引については，一定の注記を要件として通常の賃貸借取引に係る方法に準じた会計処理（以下「例外処理」という。）を採用することを認めてきた。現状では大半の企業において，この例外処理が採用されている。」(30項)と記載されており，従来の会計基準の限界を示している。

そこで，「リース取引に関する会計基準」および「リース取引に関する会計基準の適用指針」においては，ファイナンス・リース取引は原則としてオンバランス処理をし，オペレーティング・リースはオフバランス処理を定めた。

しかしながら，2018年6月21日における第387回企業会計基準委員会のリースプロジェクト審議事項(4)−2に関する討議において，我が国における会計基準の開発の必要性として，「IFRS第16号もTopic 842も，オペレーティング・リースを含むすべてのリースに係る資産および負債をオンバランスすることは共通している。オペレーティング・リース取引について国際的な会計基準との整合性を図ることは，財務諸表間の比較可能性を高めることにつながると考えられる。」(4項)また，「我が国における会計基準において，重要なオペレーティング・リースについて賃貸借処理に準じた会計処理を継続することは，重要な負債がオフ・バランスとなっているとの指摘を国際的に受ける可能性があり，我が国の資本市場および我が国の企業の財務報告に対する信頼性に関するリスクが大きいものと考えられる。」(5項)とされており，我が国の問題のみならず，国際的な問題として日本基準についての検討が行われている。

本章においては，日本のリース会計についての概要をとり上げるとともに，諸外国との比較を行っていくことにより，会計基準における実務上の課題等について言及する。

2 基準設定に至る経緯

各国のリース会計の基準設定の背景には，それぞれのリース産業の歴史に関

連していると考えられる。

　リース産業は1950年代前半にアメリカにおいて誕生したとされており，日本で初めてリース会社が設立されたのは約10年後の1963年のこととされている。日本国のリース市場はその後順調に拡大し，最初に都市銀行や大手商社が出資するかたちでいわゆる総合リース会社が設立された（鹿野，2006, 453）。

　次いで1970年代に，ビジネスチャンスの拡大をにらんで地方銀行，当時の相互銀行がリース事業に参入した。また，企業のIT投資や合理化投資の高まりを受けてメーカーや信販会社，保険会社も参入したとされている。このため，日本のリース会社はほとんどが金融機関，商社，メーカーの系列子会社であり，独立系のリース会社はごくわずかという特徴があり，融資の代替的手段としての側面が強いと考えられる（鹿野，2006, 453-454）。

　日本において，上述の本格的なリース会計の基準が施行されてからの抜本的な改革として，2007年3月30日に企業会計基準委員会（ASBJ）が「企業会計基準第13号　リース取引に関する会計基準の適用指針」（リース適用指針）を公表し，2008年4月1日以降開始する事業年度より，改正後のリース会計基準が適用されることとなった。

　2007年の改正前の会計基準では，ファイナンス・リース取引のうち所有権移転外ファイナンス・リース取引については，一定の注記を要件として通常の賃貸借取引に係る方法に準じた会計処理（以下，例外処理）を採用することを認めてきた。そして，結論の背景によれば，大半の企業において，この例外処理が採用されていたとされている。

　この点について，さまざまな議論が行われた結果，所有権移転外ファイナンス・リース取引について，原則オンバランス処理を行うことのほうが財務諸表利用者にとって有意義であることや，国際基準間のコンバージェンスとしても有用であるとされたため，2007年に新しいリース適用指針が公表された。

　ここで，簡単に国際基準・米国基準・日本基準の相違について触れておくこととする。

　IAS17号については，リースの基本的な会計処理に関して，日本基準との間に，重要性に関する例外処理を除けば大きな相違はないといえるが，2016年1月に公表され，2019年1月1日以降開始する事業年度から適用されるIFRS16

号については大きな相違のある基準であるといえる。

IAS17号においては、ファイナンス・リースであるかオペレーティング・リースであるかによって会計処理が決まった。一方で、IFRS16号では、リース取引については実質売買と同様とする考えから、使用権モデルに変更され、リース対象物を使用する権利を支配しているかどうかを重視している。

これは、リース資産および負債をオフバランスとするために、賃貸借処理が可能な契約が増え、特に将来支払われる負債がオンバランスされなかったことが問題視されたことに起因している。また、当初想定していたリース取引に比べ、多様な契約が増加し、ファイナンス・リース取引であるか、オペレーティング・リース取引であるかというだけで会計処理を決めることには限界が生じている。そのような経緯によって、借手の会計処理においてはファイナンス・リースとオペレーティング・リースが区別されなくなっている。

米国基準についても同様にして議論が行われてきた。FASB-ASC Topic840（FAS13）においては、リース取引をキャピタル・リースとオペレーティング・リースに分類し、オンバランスかオフバランスかを判断していた。しかし、2016年2月に公表され、2019年より適用される Accounting Standards Update 2016-21においては、IFRS16号と同様にいわゆる使用権モデルを採用している。これにより、オペレーティング・リースについても契約時に資産および負債の認識をするものの、ファイナンス・リースとは異なり、定額法での費用処理を求めている。これは、IFRS16号においてオペレーティング・リースとファイナンス・リースとの差異を認識しなかったこととは異なる取扱いといえる。

一方で、日本において、リース会計についてはリース取引をファイナンス・リースとオペレーティング・リースに分け、それぞれ異なる会計処理が示されている。国際基準および米国基準との大きな相違点としては、日本基準では、企業の事業内容に照らして重要性の乏しいリース取引であり、リース1契約当たりのリース料総額が300万円以下の所有権移転外ファイナンス・リース取引についてはオフバランス処理できるとの具体的な定めがあることが挙げられる。また、使用権モデルは採用されておらず、オペレーティング・リース取引についてはオフバランス処理が継続されていることも大きな特色である。

3　日本における実務の特徴

　日本基準において,「リース取引」とは,特定の物件の所有者たる貸手（レッサー）が,当該物件の借手（レッシー）に対し,合意された期間（以下,リース期間）にわたりこれを使用収益する権利を与え,借手は,合意された使用料（以下,リース料）を貸手に支払う取引をいう（リース取引に関する会計基準 4 項）。

　また,ファイナンス・リースについて,数値基準が存在している。具体的には,リース期間が耐用年数の概ね75%以上であるか（耐用年数基準），または,リース料総額が見積現金購入価額の概ね90%以上であるか（現在価値基準）に基づき判定されることになる（リース適用指針 9 項）。これらの数値基準に則っているかどうかに重要性を置いて,オンバランス処理をすべきかどうかを判断しているといえる。

　次に,オペレーティング・リースの取扱いについて見ていくこととする。日本基準ではオフバランス処理がされているものの,IFRS16号では原則すべてオンバランス処理という点で大きく異なると考えられる。米国においてもAccounting Standards Update 2016-21にしたがって,オペレーティング・リースについてはオンバランス処理が求められることになる。

　リース会計の適用単位について,仮に同時に同一相手と複数契約を結んだ場合に 1 つの契約として処理するか,別契約として処理するかについて明示的に定めたものはない。これに対し,たとえば,IFRS16号においては,そのような場合に複数契約を 1 つの契約として扱うかどうかを判断するための指針が設けられている。たとえば,同時に同一相手と複数契約を締結する場合,一定の要件を満たせば,それらは 1 つの契約とみなして会計処理される。そのため,日本基準とIFRSでは異なる単位でリースの会計処理を行うことになる可能性があり,特に日本基準では,契約の仕方によって,実態が類似する場合でも異なる会計処理が導かれる可能性も残されていると考えられる。

　また,重要性について,リース適用指針35項では,企業の事業内容に照らして重要性の乏しいリース取引であり,1 契約当たり300万円以下の所有権移転外ファイナンス・リース契約では,オフバランス処理が可能とされている。こ

の例外処理については会計理論的なものというよりも，実務上の便宜を図ったものであることが伺える。ただし，IFRS16号の結論の背景においても5,000USドルを少額資産とするかどうかの判断の目安とするとされており，金額の違いはあれ，実務上の便宜を図った点では似ていると考えられる。

では，このような重要性基準を設定した場合，実務上どのような契約が出てくるだろうか。

ケース10-1

たとえば，拠点を拡大するために，1台当たり1,000千円のコピー機を10台，同じ業者とリース契約を結ぶとして，まとめて契約した場合と，1台ずつ契約を分けて結んだとしたらどのような問題が出てくるであろうか。考えられる問題としては，3,000千円の重要性基準を契約全体として見るのか，それとも1台当たりとして見るのか，見方によって，オンバランスすべきかどうかが変わってくる可能性がある。期首に5年間のリース契約を結び，耐用年数を5年，残存簿価をゼロ，定額法で償却をするとして仕訳を見ていくこととする。

オンバランス処理を前提とすると，仕訳は以下のとおりとなる。

（単位：千円）

契約時	（借）工具器具備品	10,000	（貸）リース債務	10,000
支払時	（借）リース債務	2,000	（貸）現金預金	2,000
決算時	（借）減価償却費	2,000	（貸）工具器具備品	2,000

オフバランス処理を前提とすると，仕訳は以下のとおりとなる。

契約時		仕訳なし		
支払時	（借）リース料	2,000	（貸）現金預金	2,000
決算時		仕訳なし		

このように，貸借対照表に計上される金額が異なる結果となる。また，償却方法次第では，損益計算書の結果も異なる可能性がある。

このように，日本基準特有の例外規定は，画一的な基準であり客観性が認め

られる一方で,たとえばリース期間の短縮等によってオンバランス処理を免れる可能性が残っている。

> **ケース 10 - 2**
>
> 　たとえば,6,000千円の車両について,リース期間を6年とした場合と1年とした場合で,それぞれオンバランスかオフバランスかで会計処理が異なってくる。なお,リース期間を6年とした場合の残価はゼロと仮定し,1年とした場合の残価は4,500千円と仮定する。
>
> 　リース期間を6年とし,オンバランス処理をした場合の仕訳は以下のとおりである。なお,残存価額はゼロ,耐用年数は6年,定額法で償却をすることとする。
>
> | 契約時 | (借)車両運搬具 | 6,000 | (貸)リース債務 | 6,000 |
> |---|---|---|---|---|
> | 支払時 | (借)リース債務 | 1,000 | (貸)現金預金 | 1,000 |
> | 決算時 | (借)減価償却費 | 1,000 | (貸)車両運搬具 | 1,000 |
>
> 　リース期間を1年とし,オフバランス処理をした場合の仕訳は以下のとおりである。
>
> (単位:千円)
>
> | 契約時 | 仕訳なし | | | |
> |---|---|---|---|---|
> | 支払時 | (借)リース料 | 1,500 | (貸)現金預金 | 1.500 |
> | 決算時 | 仕訳なし | | | |

　わかりやすくするために極端な例としたものの,処理の仕方で貸借対照表と損益計算書は異なった結果が導かれる可能性があるといえる。

　さて,もし日本においてIFRS16号が適用された場合,想定される大きな実務の変化はどのようなものが考えられるだろうか。考えられる限りで述べることとする。

　まず,日本基準において,オペレーティング・リースと判定されたものはオフバランス処理されており,リース料支払いの都度仕訳をすれば足りるため,事務処理は比較的簡便であるといえる。

一方で，IFRS16号ではオペレーティング・リース取引についても，原則オンバランス処理をしなければならないとされている。たとえば，土地および建物を賃借しているが，実質的にリースとして処理しなければならない場合，従来オフバランス処理していた企業について，オンバランス処理をする可能性が出てくる。これにより，比較的長い耐用年数の資産および負債が計上されることが想定され，貸借対照表の総資産が増えるとともに，固定資産計上および減価償却費の計上，支払リース料の管理など，煩雑な処理が増えることが想定される。

 また，IFRS16号では，航空機や船舶のリースについても，これまでオフバランス処理されてきたものが，リースとして比較的多額な資産および負債が計上される可能性がある。それらのリースの借手となる航空会社等，リース契約している企業は巨額のリース資産および負債が計上され，煩雑な実務処理が求められることが想定される。

 次に，重要性の取扱いに大きな変化が見られると考えられる。日本基準において，企業の事業内容に照らして重要性の乏しいリース取引であり，1契約当たり300万円以下の所有権移転外ファイナンス・リース取引については，オフバランス処理が許容されている。

 一方で，IFRS16号の結論の背景には5,000USドルを少額資産と想定していると記載しているものの，重要性の判断については，個々の企業における慎重な対応が求められる。また，実質1つの構成要素として認められるリース契約について，1契約当たり金額が少額であることのみをもってオフバランス処理することは認められない。よって，オフバランスするかどうかは契約単位ではなく，あくまで同時に結ばれる他の契約と総合的に決定されるため，より企業でのリース契約の管理が慎重になることが想定される。

 また，日本基準からIAS17号，そしてIFRS16号に移行した際は，借手および貸手は，リースの認識および測定を，表示する最も古い期間の期首において，修正遡及アプローチまたは完全遡及アプローチのいずれかを用いて行うこととなっている。特に修正遡及アプローチを採用した場合はより多くの注記事項が必要となってくる。

 注記については，日本基準よりもIFRS16号のほうが多く求められる傾向に

あるため，財務諸表に計上される情報のみならず，より具体的な情報の収集が，有価証券報告書提出会社のみならず，連結子会社等にも求められると考えられる。

4 原則主義の課題

国際会計基準はいわゆる原則主義を採用しており，該当する基準がない場合で，かつ類似の基準やガイダンスもない場合は，概念フレームワークに基づいて企業が適用方法を決定することとなっている。

また，IFRS16号において，結論の背景には5,000USドルを少額資産と想定しているというものの，最終的には各社が業種，規模，取引種類等総合的に勘案して独自で検討することになるが，実務としては前もって監査法人と協議の上で決定されることと考えられる。

企業会計審議会総会・企画調整部会合同会議資料2（2012年2月29日）「国際会計基準（IFRS）に係る討議資料（4）」によれば，一般的に，原則主義のメリットとしては，①各企業の判断で会計方針を作成し，経営の実態をより適切に反映した会計処理が可能となる，また，企業として会計に対し受身でないしっかりとした方針の作成を促進することにつながる，②取引の実態に応じてあらゆるケースを想定して基準を用意することには限界があることから，作成されたルールを適用することで実態に適合しない処理になってしまう状況を避けうる，③細則主義における数値基準などを悪用し，ルールを潜脱するような行為を抑止できる，という利点が指摘されている。

一方で，①形式的には原則主義の会計基準で統一が達成されたとしても，その適用にあたって解釈の幅が広すぎたり，選択できる処理が複数ありうるなどの理由から，恣意的な処理が行われる可能性があることや実質的な比較可能性が損なわれる可能性があること，②作成者にとっては会計処理の適用についての判断およびその判断の根拠を示す必要が生じるため，一定の作業が生じる可能性があること，③作成者・監査人・当局間において見解が相違し，調整のための負担が増加することや，事後的な修正のリスクがあること等について，懸念の声がある。なお，米国においては，このような懸念のほか，財務諸表の虚

偽記載に係る訴訟が増加するのではないかとの懸念も聞かれる，とされている．

このように，原則主義のメリットおよびデメリットは広く議論されており，細則主義よりも完全に優れている，というものではないことに留意すべきである．

日本基準はいわゆる細則主義を採用しており，比較的個別具体的な基準が設定されている．「リース取引に関する会計基準の適用指針」においても，重要性の基準値や，ファイナンス・リース取引とオペレーティング・リース取引を区別するための判定基準等が具体的に設定されている．

ここで，具体的な判定基準があることのメリットおよびデメリットを考えてみよう．具体的な判定基準があることは，客観性が保たれ，ひいては比較可能性が保たれるというメリットが存在する．一方で，すべてのリース取引を基準に織り込むことは困難であり，想定されないようなリース取引については機械的な会計処理が行われる可能性があるというデメリットがある．

また，日本においてもオペレーティング・リース取引について，使用権の移転の観点からオンバランスすべきかどうか，慎重に議論されているところである．

5　おわりに

リース会計については，国際基準，米国基準，日本基準それぞれが長年の議論を重ねてきており，コンバージェンスが困難であった基準の1つであるといえる．その背景には純会計理論だけではなく，経済界の要請が多分に反映されているのではないかと考えられる．

国際基準や米国基準では一定の方向性が見いだされたものの，わが国では未だ議論を重ねている最中である．私見ではあるが，一刻も早く結論を出してほしいところではあるものの，経済界等多方面の意見を慎重に議論し，それらが反映された有意義な基準が公表されることを期待する．

●**参考文献** ─────────

企業会計基準委員会. 2007. 企業会計基準第13号「リース取引に関する会計基準」.
企業会計基準委員会. 2011. 企業会計基準適用指針第16号「リース取引に関する会計基準の適用指針」.
企業会計基準委員会. 2018. 第387回企業会計基準委員会 審議資料（4）-2「リース 我が国における会計基準の開発に関する予備的分析」https://www.asb.or.jp/jp/wp-content/uploads/20180621_13.pdf
鹿野嘉昭. 2006.『日本の金融制度』東洋経済新報社.
企業会計審議会総会・企画調整部会合同会議. 2012. 資料2「国際会計基準（IFRS）に係る討議資料（4）」.

＜ウェブサイトの URL ＞
ASBJ：https://www.asb.or.jp/
FSA：http://www.fsa.go.jp/

（大国　光大）

第11章 株式報酬と退職給付

1 はじめに

　近時，上場会社における経営者報酬の改革，とりわけインセンティブ報酬の導入・拡張が注目されている（松尾他，2017）。報酬体系が変化してきている背景としては，終身雇用を前提とした雇用の変化，人材の流動化が挙げられる。また，経営者の報酬について，中長期的な会社の業績や潜在的リスクを反映させ，健全な企業家精神の発揮に資するようなインセンティブを行うべきであるとしたコーポレートガバナンス・コードの規定（コーポレートガバナンス・コード原則4－2）や特定譲渡制限付株式に係る損金算入を可能にした平成28年度の税制改正等により税制が整備されたことが挙げられる。

　インセンティブ報酬を含めた報酬のあり方が会計処理・制度においても大きな影響を及ぼし，実務上も問題となる事項が発生している。さまざまなインセンティブ報酬の制度設計が会計基準の想定していた枠組みを超えて，会計基準の設定が制度設計の後追いとなっている面も否めない事実である。そこで，本章では，まず，ストック・オプションを主とした株式報酬に関する会計処理をとり上げることとした。

　報酬に関連する会計問題として，年金も重要な要素である。金額の大きさやその長期的な影響，さらに低金利どころかマイナス金利といった問題もあり，退職給付についても，あわせて本章でとり上げることとした。

　報酬の定義は，会計上，会社法上，税法上，それぞれ必ずしも同じではないが，

ここでは会計上の定義に従い,企業が従業員等から受けた労働や業務執行等のサービスの対価として,従業員等に給付されたもの(ストック・オプション等に関する会計基準2項(4)),とする。

2 ストック・オプション等に関する会計基準の概要

ストック・オプションの会計については,ストック・オプション等に関する会計基準(企業会計基準第8号,以下,2〜4節では基準)およびストック・オプション等に関する会計基準の適用指針(企業会計基準適用指針第11号,以下,2〜4節では指針)が公表されている。

基準では,権利確定日以前の会計処理,権利確定日後の会計処理に分けられている。

図示すると**図表11-1**のようになる。なお,以下の例では権利行使日の会計処理として,貸方は全額資本金として処理することを前提としている(指針【設例1】前提⑪)。

図表11-1 権利確定日以前・権利確定日後の会計処理

(付与日から権利確定日)
株式報酬費用×××／新株予約権×××

(権利行使日)
現 金 預 金×××／資本金×××
新株予約権×××／

付与日 　　　　　　権利確定日 　　　　　　権利行使日

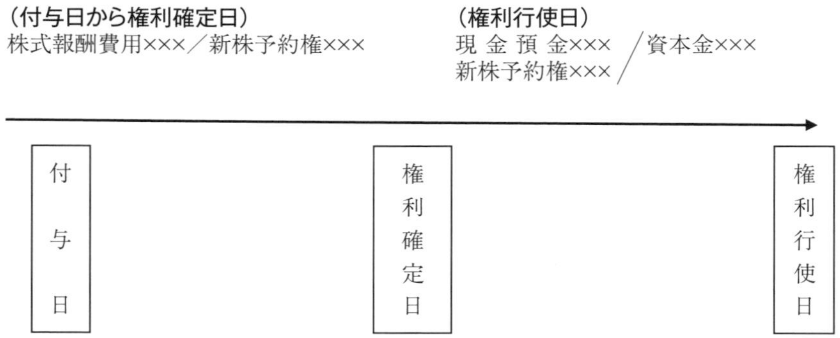

- **付与日**:ストック・オプションが付与された日であり,募集新株予約権の割当日(会社法228条1項4号)がこれにあたる(基準2項(4))。
- **権利確定日**:権利の確定した日をいう。権利確定日が明らかではない場合には,原則として,ストック・オプションを付与された従業員等がその権利を行使で

きる期間（以下，権利行使期間という）の開始日の前日を権利確定日とみなす（基準2項(7)）。

権利行使日：ストック・オプションを付与されたものがその権利を行使したことにより，行使価格に基づく金額が払い込まれた日をいう（基準2項(8)）。

企業がその従業員等に対してストック・オプションを付与する場合，それに応じて企業が従業員等から取得するサービスは，その取得に応じて費用として計上し，対応する金額を，ストック・オプションの権利の行使または失効が確定するまでの間，貸借対照表の純資産の部に新株予約権として計上する（基準4項）。

権利確定日以前の会計処理	従業員等からのサービスの取得に応じ費用計上するとともに，対応する額を新株予約権として純資産の部に計上

各会計期間における費用計上額は，ストック・オプションの公正な評価額のうち，対象勤務期間（ストック・オプションと報酬関係にあるサービスの提供期間）を基礎とする方法その他合理的な方法に基づき当期に発生したと認められる額となる。ここでいうストック・オプションの公正な評価額（A）とは，公正な評価単価（B）×ストック・オプション数（C）として算定される（基準5項）。

各会計期間における費用計上額	⇒	ストック・オプションの公正な評価額（A）のうち，当期に発生したと認められる額

ストック・オプションの公正な評価額（A）	=	ストック・オプションの公正な評価単価（B）	×	ストック・オプション数（C）

権利確定日には，ストック・オプション数を権利の確定したストック・オプション数（権利確定数）と一致させる。すなわち，修正後のストック・オプション数に基づくストック・オプションの公正な評価額に基づき，権利確定日までに費用として計上すべき額と，これまでに計上した額との差額を権利確定日の属する期の損益として計上する（基準7項(3)）。

ストック・オプションの会計処理においては，公正な評価単価が重要なファクターとなる。この公正な評価単価については，予想残存期間，株価ボラティリティ，無リスク金利，予想配当利回り等の見積項目のインプット情報により算定される。これらは指針において計算方法が具体的に規定されている（指針13項，10項，15項，16項）。

　田澤（2017）では，わが国の指針において，これらストック・オプションの公正な評価単価に関する計算要素に対して，詳細に規定されていることの効果が分析され，興味深い結果を示している。このインプット情報については，米国では，インプット情報を操作することにより，公正価値を操作していること，すなわち利益を操作していることが観測されているのに対し，一方日本では，指針に企業が忠実に依拠した数値を算定しており，経営者によるバイアスは僅かであるというのである。

3　役員退職慰労金と株式報酬型ストック・オプション

　役員退職慰労金の支給は株主総会の決議事項（会社法361条，367条）とされ，決議が行われた決議時あるいは支出時に費用処理されるが，役員退職慰労金の支給が規程等に基づき合理的に計算される場合，規程に基づく支給が行われている等合理的な見積を行うことができる場合には，役員退職慰労引当金として計上されることとなる（監査・保証実務委員会実務指針第42号）。

　株式報酬型ストック・オプションとは，権利行使価格が1円のストック・オプションである。これは，役員退職金制度の代替の制度として広がってきている。多くの場合，役員就任時に付与され，その任期の長短のいかんにかかわらず，任期満了後にはじめて権利行使が可能とされており，最初の任期による退職時期を権利確定日として付与日から権利確定日まで費用計上される。しかし，役員の任期が複数年にわたることが多く2期目以上の労働サービスについては費用計上されないといった問題点がある。

　譲渡制限付株式（restricked stock）とは，一定期間の譲渡制限が付された株式を報酬として付与するもので，通常，譲渡制限が解除されるには勤務条件が付けられている。海外では，株式報酬として普及しており，今後日本において

も広まることが考えられる。当該会計処理を定めた会計基準等はないが、「『攻めの経営』を促す役員報酬〜企業の持続的成長のためのインセンティブプラン導入の手引き〜」（経済産業省，2017年9月）では，譲渡制限付株式を付与した時点の報酬相当額を前払費用等適当な科目で資産計上するとともに資本金（および資本準備金）として計上し，その後前払費用を勤務期間等の合理的な方法により費用計上することが考えられるとされている。

4 有償新株予約権（有償ストック・オプション）

　会計基準において，ストック・オプションは，企業が従業員等から取得するサービスの対価とされており，ストック・オプションの対価として企業が従業員等から現金による払込みを受けることは必ずしも想定されていない。企業が，新株予約権の時価発行の形式をとりながら，従業員等にそれを付与する取引が目立つようになり，そのような取引に対して，基準ではなく，払込資本を増加させる可能性のある部分を含む複合金融商品に関する会計処理（企業会計基準適用指針第17号，以下，適用指針17号）を適用し，報酬コストの費用計上を行わない実務が広まった。この点，基準では，企業が現金を取得するときの対価として自社株式オプション（新株予約権）を付与する取引は前提としていない（適用指針17号34項）とされており，いわゆる権利確定条件付有償新株予約権については，基準に基づかない会計処理が行われ，費用計上が行われてこなかったという課題があった。

　これについては，従業員等に対して権利確定条件付有償新株予約権を付与する取引に関する取扱い（実務対応報告第36号，以下，実務対応報告）が2018年1月に公表されたことにより，権利確定条件付有償新株予約権がストック・オプションに該当することとされ（実務対応報告4項），これを前提に会計処理を行うこととされている。この取引は，従業員等が一定の現金を払い込む取引であることおよび業績等の一定の権利確定条件が付されていることが特徴であり，現金払込時および権利確定のための費用が計上される会計処理となっている。具体的には，新株予約権の付与時点での払込金額を新株予約権として計上し，新株予約権の付与に伴い，従業員等から取得するサービスは，その取得

に応じて費用計上し，対応する金額を新株予約権に追加計上する（実務対応報告5項）。基準では，失効の見込みについてはストック・オプション数に反映させるため，公正な評価単価の算定上は考慮しない（基準6項）とされており，業績条件の達成可能性については，最終的に権利確定した数に基づく金額に費用計上される金額の総額が修正されるしくみとなっている。

ケース11-1

有償ストック・オプション発行決議日前日の時価が100である，有償ストック・オプションを100個付与した。権利行使時の払込金額は1株当り100であり，権利行使条件として業績条件が付されている。業績条件を考慮しない公正な評価単価は700である。付与日において業績条件を考慮すると，権利確定が見込まれる有償ストック・オプションの数量は30個（見積失効数70個）であるが，その後業績条件を充足することが明らかとなったため，権利確定が見込まれる有償ストック・オプションの数量は100個（見積失効数0個）であることが判明し，権利行使期間内にすべての権利が行使された。

基準に従った場合と適用指針17号に従った場合の仕訳は以下のようになる。

	基準	適用指針17号
付与時	（借）現金預金　　　　10,000[※1] 　（貸）新株予約権　　10,000	（借）現金預金　　　　10,000 　（貸）新株予約権　10,000[※1]
業績条件の充足による見積失効数の修正	（借）株式報酬費用　　60,000[※2] 　（貸）新株予約権　　60,000	仕訳なし
権利確定時	（借）新株予約権　　　70,000 　（貸）資本金　　　　70,000	（借）新株予約権　　　10,000 　（貸）資本金　　　　10,000

※1：付与に伴う払込金額100×100個＝10,000
※2：株式報酬費用：公正な評価単価700×100個－払込金額10,000＝60,000

> ストック・オプションとして処理した場合は，資本金70,000が増加するとともに，費用60,000が発生し，自己資本に与える影響は10,000となる。一方，金融商品として処理した場合は，資本金10,000が増加し，自己資本に与える影響は10,000となる。自己資本に与える影響は同一であるもののその構成は異なることとなる。

5 退職給付債務に関する会計処理の概要

退職給付に関する会計基準には，次のものがある。

> ・退職給付に関する会計基準（企業会計基準第26号，以下，本節において基準）
> ・退職給付に関する会計基準の適用指針（企業会計基準適用指針第25号，以下，本節において指針）

退職給付債務とは，退職給付のうち，認識時点までに発生していると認められる部分を割り引いたものである（基準6項）。退職給付債務の計算は，以下の手順で行われる。

退職給付見込額の見積をした後，退職給付見込額の期間帰属方法を決定し，退職給付債務を算定する。退職給付見込額の期間帰属としては，下記2つの方法がある（基準19項）。

> ・**期間定額基準**：退職給付見込額について全勤務期間で除した額を各期の発生額とする方法
> ・**給付算定式基準**：退職給付制度の給付算定式に従って各勤務期間に帰属させた給付に基づき見積った額を，退職給付見込額の各期の発生額とする方法

期間帰属の方法を決定した上で，割引率を決定し，退職給付債務が算定される。

ケース 11 - 1

期首に入社したばかりのある従業員について、定年までの給与の予想と各年度に退職したと仮定した場合に受け取る退職一時金の関係を示せば下表のとおりとなる（実際には期首にこのような計算を行うことはなく、期末に行うことが通常である）。なお、当該事例において割引は無視している。

〈定年までの給与の予想と各年度に退職した場合の退職一時金の関係〉

勤続年数	1年目	2年目	3年目	4年目
給与	40	60	80	100
支給倍率	1.0	3.0	6.0	10
退職一時金	40	180	480	1,000

この従業員が4年目（定年）で退職する確率が100％であると仮定する。この場合退職給付見込額は1,000となる。

期間定額基準では、退職給付債務1,000を全勤務期間である4年間で除した金額（250）を各期の発生額とする。その結果、退職給付見込額のうち期末までに発生したと認められる額は勤務が1年増えるごとに250計上される（下図参照）。

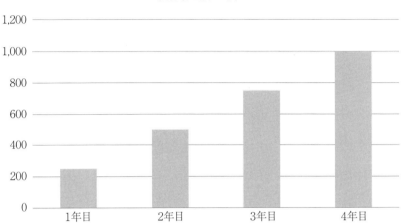

〈期間定額基準〉

給付算定式基準では,退職給付債務1,000を給付算定式上の結果により,各年に40,140,300,520と割り当てる。このため,退職給付見込額のうち期末までに発生したと認められる額の勤務期間1年ごとの積み上がり方は,期間定額基準より急になる(下図参照)。

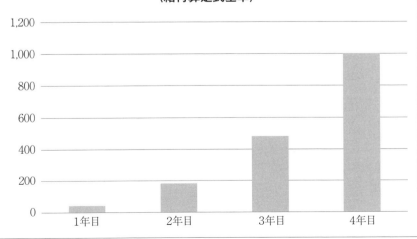

〈給付算定式基準〉

数理計算上の差異とは，年金資産の期待運用収益と実際の運用成果との差異，退職給付債務の数理計算に用いた見積数値と実績との差異および見積数値の変更等により発生した差異である。

このうち当期純利益を構成する項目として費用処理されていないものが「未認識数理計算上の差異」となる（基準11項）。

未認識数理計算上の差異の会計処理は，原則として，各期の発生額について，平均残存勤務期間以内の一定の年数で按分した額を毎期費用計上する（なお，この方法には，翌期から費用処理する方法を含む）（基準24項）。また，未認識数理計算上の差異の残高の一定割合を費用処理する方法によることもできる（基準注7）。

連結では，未認識数理計算上の差異は，税効果を調整の上，その他の包括利益に含めて計上し，その他の包括利益累計額に計上されている未認識数理計上の差異のうち，当期に当期純利益を構成する項目として費用処理された部分については，その他の包括利益の調整（組替調整）を行うこととされている。

過去勤務費用とは，退職給付水準の改訂等に起因して発生した退職給付債務の増加または減少部分をいう。なお，このうち当期純利益を構成する項目として費用処理されていないものを「未認識過去勤務費用」という（基準12項）。

各期の発生額については，原則として，平均残存勤務期間以内の一定の年数で按分した額を毎期費用処理することとなる（基準25項）。また，未認識過去勤務費用の残高の一定割合を費用処理する方法によることもできる（基準注9）。

連結では，未認識過去勤務費用は，税効果を調整の上，その他の包括利益に計上する。

連結の処理において，日本基準と国際会計基準では以下の差異がある。日本基準では，数理計算上の差異および過去勤務費用の当期発生額のうち，費用処理されない部分はその他の包括利益に含めて計上される。その他の包括利益累計額に計上されている未認識数理計算上の差異および未認識過去勤務費用のうち，当期に当期純利益を構成する項目として費用処理された部分については，その他の包括利益の調整を行う（いわゆるリサイクル処理）。

一方，国際会計基準では，数理計算上の差異に相当する再測定については，その他の包括利益で認識され，その後費用処理することない。そのため，在外

子会社を連結する際の会計処理として,「連結財務諸表作成における在外子会社等の会計処理に関する当面の取扱い」(実務対応報告第18号)により,国際会計基準を用いて数理計算上の差異を費用処理することなく純資産の部に計上している場合,連結上,日本基準に合わせて処理する方法に修正する。

なお,過去勤務費用については,国際会計基準では,発生時点でただちに費用処理されるため,日本基準と会計処理の差異があるが,連結上の修正は求められていない。

6　マイナス金利の影響

マイナス金利とは,金融機関が日本銀行に持つ当座預金のうち,任意で預けている額について,マイナスの金利をつける政策をいう。手数料を取られる形になる金融機関は,日銀に預けていたお金を企業や個人への貸出しに回すことが期待され,結果として経済の活性化につながる可能性がある。

マイナス金利政策の影響により,政策導入直後の2016年2月9日には国債(主に10年ものまで)の流通利回りがマイナスとなり,その他の国債利回りも低下し,国債価格は上昇するという影響が見られている(朝日新聞,2016)。

退職給付債務の計算において割引率は,期末における市場利回りを基礎として決定される。割引率は,安全性の高い債券の利回りを基礎として決定され,国債または優良な社債の利回りとされている。マイナス金利政策の影響で国債の中には利回りがマイナスとなっているものがある。現行の退職給付会計基準の基準開発において,債券の利回りがマイナスになることは想定しなかったと考えられるため,退職給付債務の計算において,割引率の基礎とする安全性の高い債券の支払見込期間における利回りが期末においてマイナスとなる場合,利回りの下限としてゼロを利用するか,マイナスの利回りをそのまま用いるかについては,一義的には決まらず,いずれの方法を用いることが適切かが論点となる(実務対応報告第34号「債券の利回りがマイナスとなる場合の退職給付債務等の計算における割引率に関する当面の取扱い」10項)。

① **マイナスの利回りをそのまま用いる論拠**
- 信用リスクが存在しない状態においても，将来の価値が現在の価値よりも低くなると市場が評価していることに鑑み，金銭的時間価値は時の経過に応じて減少するものとして，信用リスクフリーレートはマイナスになり得る。
- 退職給付債務は，期末における要支給額を計算するのではなく，退職給付見込額のうち期末までに発生していると認められる額を割り引いて計算したものであるため，期末において支給すべき金額以上の額が退職給付債務として測定されることもある。
- 年金資産の評価にマイナス金利の影響が反映されるときは，退職給付債務の評価にもマイナス金利の影響を反映させて，年金資産の評価と退職給付債務の評価を整合させるべきである。

② **ゼロを下限とする論拠**
- 現金を保有することによって現在の価値を維持することができることから，金銭的時間価値は時の経過に応じて減少することはないものとして，信用リスクフリーレートの下限はゼロになる。
- 退職給付債務から年金資産の額を控除するが，表示上，相殺しているにすぎないため，年金資産の評価と退職給付債務の評価を整合させる必要はない。
- 退職給付債務の計算は，時価を求めるものではないと考えられるが，企業固有の見積りをどのように反映すべきか，すなわち，現時点における負債の金額は将来の見積り支払総額を超えることはない。

　現状では，国債等の残存期間におけるマイナス利回りの幅が大きくないことを踏まえ，マイナスとなっている利回りをそのまま利用する方法とゼロを下限とする方法のいずれの方法も用いることができると結論づけている。
　マイナス金利の影響としては，日本の主要な企業の2014年度と2015年度の有価証券からデータを取った調査が2016年7月26日の日本経済新聞で記載されている。

これによれば，退職給付の未積立の金額がNTTでは5,183億から7,633億，トヨタ自動車では，5,368億から8,133億へと増加し，自己資本に与える影響も増加していることがわかる。

> ■**退職給付会計における事例**（マイナス金利導入後の影響）
>   調査全体の概要（第一生命年金通信　平成28年8月3日号より）
>   2016年3月期　有価証券報告書に割引率の記載のある1,662社を対象
>   割引率平均は0.5％となり，前年の0.9％からから0.4％低下
>   長期期待運用収益率は2％であり，前年からの変動はない。

なお，マイナスの割引率を採用した企業としては，アコム（平成28年3月期△0.05％）があげられる。

マイナスの割引率による影響は，**図表11－2**のようになっている。

図表11－2　マイナスの割引率による影響例

項目	平成27年3月期	平成28年3月期	平成29年3月期
退職給付債務（期末）	18,980	20,474	22,030
数理計算上の差異の発生額	636	1,026	933
勤務費用	1,247	1,276	1,363
利息費用	174	143	43
割引率	主に0.47％	主に△0.05％	主に0.15％

出所：アコム株式会社，平成27年3月期，平成28年3月期，平成29年3月期有価証券報告書より。

マイナス金利を適用した平成28年3月期に数理計算上の発生額が平成27年3月期より大きくなっており，割引率の低下によるものと考えられる。また，利息費用も平成29年3月期に大きく減少しており，割引率低下によるものと考えられる。

マイナス金利が影響すると想定される退職給付会計以外の会計処理等としては，下記の内容が考えられる。

> まず，金融商品の DCF による時価算定において，マイナス金利をそのまま用いるかどうかという論点が考えられる。
>
> 次に，借入金の金利変動をヘッジするための金利スワップの特例処理について，通常金融機関はマイナス金利に基づいて算定した金利を債務者へ支払う義務がないと考えられ，他方ヘッジ手段であるデリバティブ（金利スワップ）はマイナス金利をそのまま受払いするので特例処理の判断が難しいと考えられる。
>
> また，DCF における WACC 算定に含まれる国債金利が低下しているため，資産評価額が増加する影響が考えられる。
>
> さらに，資産除去債務についても，割引率にマイナスを用いるかどうかという影響が考えられる。

7 おわりに

報酬と年金というライフプランに関する事項について，さまざまな制度設計に会計処理が追いついていけるかという課題が発生していると思われる。

また，マイナス金利の発生など会計基準設定当初は想定されていない事実が発生することもある。

会社法等の法制度，税制との関係も大きく，会計処理の規定を複雑にしている面もある。働き方改革による労働に対する考え方が大きく変わる中，今後もさまざまな制度が発生し，会計処理が定められていく分野であると考えられる。

● **参考文献**

朝日新聞．2016.1.29「マイナス金利とは」夕刊　総合1面．
EY 新日本有限責任監査法人ホームページ　企業会計ナビ『有償ストック・オプションの会計』https://www.shinnihon.or.jp/corporate-accounting/accounting.../2018-01-17.html.
井上雅彦．江村弘志．2014.『退職給付会計の実務 Q&A』税務研究会出版局．
上野雄史．2016.「マイナス金利下における退職給付制度―事例に基づいた検証―」『ニッセイ基礎研究所年金ストラテジー』243：1-3.
金本悠希．2016.「各種株式報酬のインセンティブ等の比較」『大和総研税制 A to Z』2016年11月21日．https://www.dir.co.jp/report/research/law-research/tax/20161121_011424.pdf
北村孝子．2015.「「退職給付に関する会計基準の適用指針」の改正概要」『経営財務』

3212：12-15．

経済産業省産業組織課．2017．「「攻めの経営」を促す役員報酬～企業の持続的な成長のためのインセンティブプラン導入の手引き～」http://www.meti.go.jp/press/2017/09/20170929004/20170929004.html．

第一生命株式会社企業年金数理室．2016．「退職給付会計における割引率の採用状況（2016年3月）決算」『第一生命年金通信』2016－75（第39号）．

田澤宗裕．2017．「ストック・オプションの公正価値評価におけるインプット情報の裁量的な操作」『年報経営ディスクロージャー研究』16：13－32．

田辺総合法律事務所，至誠清新監査法人，至誠清新税理士法人．2017．『役員報酬をめぐる法務・会計・税務』清文社．

西川郁生．2017．「シリーズ「学生と語る会計基準」第19回 退職給付債務」『経営財務』3309：28-31．

日本経済新聞．2016.7.26「年金債務最大 上場3600社で91兆円」朝刊総合1面．

日本公認会計士協会．2011．監査・保証実務委員会実務指針第42号「租税特別措置法上の準備金及び特別法上の引当金又は準備金並びに役員退職慰労引当金等に関する監査上の取扱い」．

野口晃弘．2018．「第13章 権利確定条件付き有償新株予約権」『企業会計制度設計に関する総合的研究』日本会計研究学会特別委員会最終報告書．

松尾拓也，西村美智子，中島礼子，土屋光邦．2017．『インセンティブ報酬の法務・税務・会計』中央経済社．

安場達哉．2017．「厳選！現場からの緊急相談Q&A 第45回 退職給付会計」『経営財務』3326：20-27．

山下克之．2014．「株式報酬型ストック・オプションに関する一考察」『追手門経済・経営研究』21：19－30．

有限責任あずさ監査法人．2012．『24年改正でここが変わった退職給付会計の実務対応』中央経済社．

（林　克則）

第12章 税効果

1 はじめに

　本章では税効果会計についてとり上げる。税効果会計は，納税申告書を作成するための税務会計とは異なり企業会計上の論点である。したがって，税法の規定に従った会計処理ではなく，会計基準に従った会計処理が行われることになる。税効果会計が日本で原則適用されたのは2000年のことであるため，20年ほどの歴史を有している。当時は「会計ビッグバン」とよばれ，会計基準もグローバル化の波を受けて金融商品の時価会計，退職給付会計，キャッシュ・フロー計算書など現在では当たり前になっている会計基準が次々と導入された時代であり，税効果会計もそのうちの1つである。

2 税効果会計の概要

　税効果会計は「企業会計上の資産又は負債の額と課税所得計算上の資産又は負債の額に相違がある場合において，法人税その他利益に関連する金額を課税標準とする税金（以下「法人税等」という。）の額を適切に期間配分することにより，法人税等を控除する前の当期純利益と法人税等を合理的に対応させることを目的とする手続である。」と定義されている（税効果に係る会計基準第一）。
　この定義から税効果会計の内容をイメージすることができればおそらく会計上級者であろう。定義を適確に捉えるためには，利益を算定する企業会計と課

税所得を算定する税務会計の違いを理解する必要がある。利益は収益から費用を差し引いて算定されるが，会社に課せられる法人税等の税額はこの利益に税率を乗じて算定されるわけではない。法人税等は利益とは異なる課税所得に税率が乗じられて算定され，課税所得は会計上の利益にいくつかの調整項目を加減算して算定される。そのため，法人税等を会計上の利益で除しても法定実効税率とは一致せずに，それより大きくなることもあれば小さくなることもある。

　それでは，なぜ税金計算を行う基礎となる課税所得の算定にあたっては会計上の利益にいくつかの調整項目を加減算する必要があるのか。それは企業会計と税務会計では目的とするところが異なるためである。企業会計では企業の経済活動の実態を表すために収益と費用を適切に対応させることに重きが置かれる。たとえば，3月決算の企業において下期すなわち10月から3月に仕事をした従業員に対して6月にボーナスが支払われるとする。この場合，会計上は従業員がボーナスに期待を寄せて仕事を頑張るのは10月から3月であり，ボーナスはこの下期の売上に対応する人件費として計上される。

　一方で，税務会計では公平・中立・簡素であることに重きが置かれる。通常6月のボーナスは6月に在籍している従業員を対象に支払われることが多いが，3月の決算期末日時点では6月に在籍している従業員数は確定していない。また，ボーナスの支給月数は決算が締まりどの程度の業績であったかを確認してから確定することもある。すなわちボーナスに係る人件費は確定した費用ではなく，見込みの費用なのである。公平・中立・簡素に重きを置く税務会計では，このような見込みの費用は実際に支払いがなされる決算期に初めて税務上の費用（損金）として認められる。したがって，3月決算時には会計上の利益にこのボーナス費用分が加算されて課税所得が算定され，反対に次の会計期間では税務上で費用と認められるので会計上の利益からこの加算金額が差し引かれて課税所得が算定される。

　ここで改めて定義に戻ると，会計と税務とのズレについては分かったが，法人税等の額を期間配分して利益と法人税等を合理的に対応させる旨が記載されている。期間配分とは何か。これは先ほどのボーナスの例で説明すると，賞与の計上時に課税所得が多くなり，結果として税金も多くなっているが，翌期には反対に課税所得が少なくなり，税金も少なくなることに対応して計上時に会

計上だけ税金費用をマイナスする調整を入れて，翌期にプラスする調整を入れることを意味する。このような調整を入れることで調整後の法人税等を利益で除した割合が税率と同じとなり，合理的に対応することになるのである。

ここで，複式簿記の原則に当てはめると税金費用を調整するということは，別の勘定科目の計上が必要になってくる。税効果会計においてはこれを「繰延税金資産」又は「繰延税金負債」として資産または負債に計上する。仕訳では以下のようになる。

（借）繰延税金資産　　XX　　（貸）法人税等調整額　　XX

なぜ資産が計上されるかというと，賞与の計上時に税金費用が多くなっているのは，将来の税金費用の前払い，もっと言えば将来の税金の減額効果を有していると考えることができる。そのため，法人税等の調整額の相手科目はこの場合「資産」になっているのである。これを図示すると**図表12−1**のとおりとなる。

図表12−1　税効果会計の概要

税効果会計を適用していない場合			税効果会計を適用した場合	
税引前利益（A）	1,000百万円		税引前利益（A）	1,000百万円
課税所得（B）	1,200百万円		課税所得（B）	1,200百万円
法人税等（C）	360百万円		法人税等（C）	360百万円
税金負担率（C/A）	36%		法人税等調整額（D）	△60百万円
			税金負担率（C＋D/A）	30%

※法定実効税率は30％と仮定。

このような税効果会計を適用して税金負担率を調整するという基本的な考え方は，日本の会計基準のみならずUSGAAPやIFRSでも同様であり，文字通りグローバル・スタンダードなのである。

3　税効果の対象となる一般的な一時差異等

会計実務において繰延税金資産の回収可能性の判定がどのようにして行われ

ているかを説明する前に、「税効果の対象となる一般的な一時差異等」にはどのようなものがあるかを確認していく。

(1) 賞与引当金繰入額

事例として少し取り上げたボーナスである。賞与引当金繰入額の会計上の取扱いは「賞与の支給対象期間を通じて費用計上」され、税務上の取扱いは「賞与支払時に損金算入」となる。一般的には夏と冬に賞与が支給されることが多く、年度決算の場合には費用計上のタイミングと支払いのタイミングで会計年度をまたぐ賞与が一時差異の対象となりうる。ここでは、以下のケースを前提として考えてみる。

ケース 12-1

支給対象期間10月から3月→6月に支払い……1,800百万円

＜賞与引当金繰入額に係るスケジューリング例＞

	X1年度	X2年度	X3年度
将来減算一時差異			
賞与引当金繰入額（X1年度）	1,800	△1,800	
賞与引当金繰入額（X2年度）		+1,800	△1,800
・・・			・・・
課税所得		0	0
一時差異等加減算前課税所得		1,800	0

※他の課税所得はゼロとみなす。

> 課税所得0にX1年度の一時差異の認容減算額1,800を足し戻す。

「一時差異等加減算前課税所得」という用語が登場しているが、これは課税所得というのは既に税効果の対象となる一時差異が減算された後の金額であるため、税効果の判定上はこれを足し戻して将来の税金の減額効果があるかどうかを判定する。

賞与の場合、上記スケジューリング例のとおりX1年度に引当計上された金額は翌期の支払いによって減算されるそれと同時に翌期において翌々期に支給予定の賞与引当金繰入額が計上される。他の課税所得がちょうどゼロであると仮定するとX2年度の一時差異等加減算前課税所得は減算された1,800百万円を足し戻して1,800百万円と算定される。

(2) 退職給付引当金繰入額

退職給付引当金繰入額も賞与引当金繰入額と同様に見込みで計上される費用であるため一時差異となり，会計上の取扱いは「労働役務の提供に従って費用計上」され，税務上の取扱いは「退職金支払時に損金算入」となる。ここでは，以下のケースを前提として考えてみる。

> **ケース12-2**
>
> 各期の退職給付費用はX1年度に500百万円，X2年度に300百万円，X3年度に400百万円の退職金支給。
>
> ＜退職給付引当金繰入額に係るスケジューリング例＞
>
> | | X1年度 | X2年度 | X3年度 |
> |---|---|---|---|
> | 将来減算一時差異 | | | |
> | 　退職給付引当金繰入額 | 500 | 500 | 500 |
> | | | △300 | △400 |
> | 課税所得 | | 200 | 100 |
> | 一時差異等加減算前課税所得 | | 500 | 300 |
>
> ※他の課税所得はゼロとみなす。
>
> 課税所得200にX1年度の一時差異の認容減算額300を足し戻す。
>
> 課税所得100にX1年度の一時差異の認容減算額200（残額）を足し戻す。
>
> 退職給付の場合も賞与と同様に認容減算額を足し戻して一時差異等加減算前課税所得が算定される。

(3) 棚卸資産の評価減

棚卸資産は会計上，取得価額や製造原価のままで計上し続けられるとは限らない。直近の販売単価との比較で棚卸資産の簿価の回収が難しい場合（売価＜棚卸資産の簿価という関係になっている場合）や，棚卸資産が滞留して売れる見込みが乏しくなってきた場合には回収可能性に疑念があることとなり，棚卸資産の評価減が必要になりうる。

したがって，会計上の取扱いは「棚卸資産の簿価の回収が見込まれない時点

で費用計上」される。一方で税務上の取扱いは「棚卸資産が売却された時に損金算入」される。日々出荷される量産品の場合には比較的短期間で一時差異は解消するが，大型の設備の販売を行うような場合で販売までに1年以上を要すると見込まれる場合には，将来のどのタイミングで減算となりうるかを見極めることが難しくなる。ここでは，以下のケースを前提として考えてみる。

ケース12-3

X1年度の評価減計上は2,000百万円，X2年度に1,200百万円，X3年度に400百万円の解消見込み。

<＜棚卸資産の評価減に係るスケジューリング例＞

	X1年度	X2年度	X3年度
将来減算一時差異			
棚卸資産の評価減	2,000		
		△1,200	△400
課税所得		△1,200	△400
一時差異等加減算前課税所得		0	0

※他の課税所得はゼロとみなす。

課税所得△1,200にX1年度の一時差異の認容減算額1,200を足し戻す。

課税所得△400にX1年度の一時差異の認容減算額400を足し戻す。

賞与引当金や退職給付引当金は認容減算と加算を同一年度で繰り返すことが多いが，棚卸資産の評価減の場合には，必ずしも毎期新規の計上（加算）があるとは限らないため，他の課税所得がゼロとの前提の下では減算のみが発生して繰越欠損となり，一時差異等加減算前課税所得もゼロに留まることになる。

（4）減価償却超過額

減価償却超過額とは，会計上の減価償却費が税務上で算定された減価償却費を上回っている金額を意味する。会計と税務で減価償却費の計算方法が異なる場合があり，会計上は「会計上で算定された償却費で費用計上」され，税務上は「税務上で算定された償却費で損金計上」されることとなる。ここでは，以

下のケースを前提として考えてみる。

> **ケース12-4**
>
> X1年度に減価償却超過額が900百万円発生。X2年度に50百万円，X3年度に50百万円解消。
>
> <減価償却超過額に係るスケジューリング例>
>
> | | X1年度 | X2年度 | X3年度 |
> |---|---|---|---|
> | 将来減算一時差異 | | | |
> | 　減価償却超過額 | 900 | | |
> | | | △50 | △50 |
> | 課税所得 | | △50 | △50 |
> | 一時差異等加減算前課税所得 | | 0 | 0 |
>
> ※他の課税所得はゼロとみなす。
>
> 課税所得△50にX1年度の一時差異の認容減算額50を足し戻す。
>
> 課税所得△50にX1年度の一時差異の認容減算額50を足し戻す。

やや本論からはそれるが，日本の会計実務においては，固定資産の減価償却は税法で定められた方法を採用し，会計と税務との間で差異が生じないことが一般的となっている。これは，会計上では「耐用年数」は「経済的使用可能予測期間」，「残存価額」は「固定資産の耐用年数到来時において予想される当該資産の売却価格又は利用価格から解体，撤去，処分等の費用を控除した金額」を用いるべきであるが，多くの企業が税法基準を採用していること，会計と税務のそれぞれで耐用年数を管理することは煩雑であることから，監査・保証実務委員会実務指針第81号「減価償却に関する当面の監査上の取扱い」において，耐用年数又は残存価額に不合理と認められる事情のない限り，当面，監査上妥当なものとして取り扱うことができる旨が定められているためである。

ただし，研究開発用資産を取得して研究開発費として費用計上している場合や有形固定資産の減損損失を計上している場合には減価償却超過額が計上されることになる。

(5) 繰越欠損金

繰越欠損金は一時差異ではないが、一時差異等の「等」にあたり将来の課税所得と相殺でき、税金費用の削減効果が認められるため税効果の対象となる。

ケース 12-5

X1年度に10,000百万円の繰越欠損金が発生。X2年度に3,000百万円、X3年度に3,500百万円の課税所得を獲得。

＜繰越欠損金に係るスケジューリング例＞

	X1年度	X2年度	X3年度
繰越欠損金	△10,000		
課税所得	△10,000	3,000	3,500
一時差異等加減算前課税所得	△10,000	3,000	3,500
課税所得と相殺可能な繰越欠損金		1,500	1,750

※他の課税所得はゼロとみなす。
※税法上、欠損金は10年間繰越可能。

大法人の場合課税所得の50％の上限がある。

以上は一時差異等のほんの一例であるが、会計実務においては登場頻度の高いものばかりである。これらの一時差異等と税効果注記との関係を示しているのが**図表12-2**である。

図表12-2 繰越欠損金に係るスケジューリング例

			税効果注記	
(1) 賞与引当金繰入額	1,800	×実効税率30％	賞与引当金	540
(2) 退職給付引当金繰入額	500		退職給付引当金	150
(3) 棚卸資産の評価減	2,000		棚卸資産	600
(4) 減価償却超過額	900		減価償却費	270
(5) 繰越欠損金	10,000		繰越欠損金	3,000

有価証券報告書における税効果注記をよく読み解いてみると、財務諸表の本表からは読み取れない在庫評価減や繰越欠損金の増減の状況を読み取ることができる。

4 繰延税金資産の回収可能性に関する会計基準における取扱い

　税効果会計の会計基準や適用指針を読み進めると，繰延税金資産の算定において，以下の記載がある。「繰延税金資産又は繰延税金負債は，一時差異等に係る税金の額から将来の会計期間において回収又は支払が見込まれない税金の額を控除して計上しなければならない。」（繰延税金資産の回収可能性に関する適用指針 4 項）

　一時差異等というのは，課税所得の算定にあたり利益に加減算をする金額のことであり，先ほどの例ではボーナスの金額に相当する。一時的に会計と税務の差異となるから一時差異である。これに対して交際費などは一度加算されたら永久に減算されないため永久差異とよばれる。

　定義には一時差異となるボーナスの金額に対応する税金費用の調整金額のうち場合によっては一部金額を控除して税金の調整と繰延税金資産の計上を行わなければならないとされている。調整金額から一部金額を控除してしまっては折角の税金と利益のバランスが取れなくなり，税効果会計を適用する意味がなくなってしまうように見える。それにもかかわらず，なぜ一部金額の控除が必要になってくる場合があるのか。まずは，**図表12-3**をご覧いただきたい。

図表12-3　回収可能性を考える数値例

	X1年度	X2年度
課税所得	1,000	600
税引前利益	600	1,000
法人税等	△300	△180
法人税等調整額	120	△120
繰越税金資産	120	0

	X1年度	X2年度	X3〜X11年度
課税所得（繰越欠損金）	1,000	△400	0
税引前利益	600	0	0
法人税等	△300	0	0
法人税等調整額	120	0	0
繰越税金資産	120	120	120 ？

　X1年度で一時差異400に対して，法人税等を調整するため繰延税金資産を120計上している。左側の表ではX2年度に十分な税引前利益が計上されていることによって一時差異控除後も課税所得はプラスとなっており，法人税等の

増加調整がなされたことで繰延税金資産は解消に至っている。

これに対して右側の表では，X２年度以降で10年間税引前利益の計上がなく，一度も税金費用が発生していない。そのため，X１年度の一時差異400は繰越欠損金に姿を変えたまま10年を迎えてしまっている。現行の税務規定において繰越欠損金は10年を経過すると，それ以上繰り越せなくなって消滅してしまう。すると計上された繰延税金資産は解消する機会を失ってしまうことになる。

このようなことがもし見込まれていたとすれば，解消する見込みのない，すなわち資産性のないものが資産計上されていたことになる。先にも述べたように繰延税金資産は税金の前払いの性質を有しており，将来の税金の減額効果を有しているものであるため，この効果が見込めない部分は資産計上できず繰延税金資産の算定から除外する必要がある。

回収可能性を厳密に判定することは実務上かなりの困難さを伴う。一時差異は多種多様であり，それぞれの一時差異がいつ解消する見込みであり，その時期に課税所得がどの程度見込まれるのかを考慮しなければならないからである。

そこで，会計基準等では以下のとおり示されている。

「収益力に基づく一時差異等加減算前課税所得等に基づいて繰延税金資産の回収可能性を判断する際に（中略），要件に基づき企業を分類し，当該分類に応じて，回収が見込まれる繰延税金資産の計上額を決定する。」（繰延税金資産の回収可能性に関する適用指針15項）

企業を5つのタイプに分類して，このタイプであればこの範囲で繰延税金資産の計上が可能になるということが基準上で用意されているのである。元々，繰延税金資産の回収可能性は，監査委員会報告第66号「繰延税金資産の回収可能性の判断に関する監査上の取扱い」に基づき判定されており，将来の業績の動向や一時差異等の解消スケジュールといった見積りの要素を多く含むことに配慮し，会社を5つのタイプに分類し，回収可能と判断される繰延税金資産の金額を算定していた。

この点，2015年に企業会計基準委員会が企業会計基準適用指針第26号「繰延税金資産の回収可能性に関する適用指針」を公表したが，従来の5分類が広く財務諸表の作成実務及び監査実務に浸透しており，適用対象となる企業が広範にわたることから，会社分類に基づく回収可能性判断が踏襲されることになっ

たという背景がある。具体的な会社分類の要件と繰延税金資産を計上できる範囲は**図表12-4**のとおりである。

5 繰延税金資産の回収可能性の判定に係る実務上の着眼点

「将来減算一時差異及び税務上の繰越欠損金に係る繰延税金資産は，当該将来減算一時差異及び税務上の繰越欠損金が将来の一時差異等加減算前課税所得の見積額及び将来加算一時差異の解消見込額と相殺され，税金負担額を軽減することができると認められる範囲内で計上するものとし，その範囲を超える額については控除する。」（繰延税金資産の回収可能性に関する適用指針7項）と規定されており，これを会社分類別に考えると，会社分類1，5の会社は繰延税金資産の回収可能性について考慮する必要がほとんどない。一方で，会社分類2，3，4の会社は回収可能性の判定が必要になる。

これは会社分類5では繰延税金資産の計上そのものができず，会社分類1では完全支配関係にある国内子会社株式の評価損など一部の取引を除いて全額回収可能とされているためである。

また，会社分類2，3，4の会社の回収可能性の判定にあたって主に考慮すべき要素は会社分類2の場合にはスケジューリング可否，会社分類3の場合には原則として5年間のスケジューリングと将来の一時差異等加減算前課税所得の見積額，会社分類4の場合には原則として1年間のスケジューリングと将来の一時差異等加減算前課税所得の見積額となる。

(1) 回収可能性判定に必要な将来事業計画

「将来の一時差異等加減算前課税所得の見積額」の算定には，将来事業計画が出発点となる。この点，基準上は以下のとおり規定されている。

「適切な権限を有する機関の承認を得た業績予測の前提となった数値を，経営環境等の企業の外部要因に関する情報や企業が用いている内部の情報（過去における中長期計画の達成状況，予算やその修正資料，業績評価の基礎データ，売上見込み，取締役会資料を含む。）と整合的に修正し，課税所得又は税務上の欠損金を見積る。なお，業績予測は中長期計画，事業計画又は予算編成の一部等

図表12-4 会社分類の要件と繰延税金資産を計上できる範囲

会社分類	主な要件(概要)	繰延税金資産を計上できる範囲(概要)
分類1	下記(1)(2)を満たす。 (1) ここ数年で将来減算一時差異を十分に上回る課税所得が生じている。 (2) 近い将来に経営環境に著しい変化が見込まれない。	原則として,繰延税金資産の全額について回収可能性があるものとする。
分類2	下記(1)～(3)を満たす。 (1) ここ数年で,臨時的な原因を除く課税所得が安定的に生じている。 (2) 当期末において,近い将来に経営環境に著しい変化が見込まれない。 (3) ここ数年で,重要な税務上の欠損金が生じていない。	・一時差異等のスケジューリングが可能であれば,当該繰延税金資産は回収可能性があるものとする。 ・スケジューリング不能な将来減算一時差異であっても特定の要件を満たす場合には,回収可能性があるものとする。
分類3	下記(1)(2)を満たす。 (1) ここ数年で,臨時的な原因を除く課税所得が大きく増減している。 (2) ここ数年で,重要な税務上の欠損金が生じていない。	・将来の概ね5年以内の一時差異等加減算前課税所得の見積額に基づいて,一時差異等のスケジューリングを行い,繰延税金資産を見積る場合,回収可能性があるものとする。 ・5年を超える期間においてスケジューリングされた一時差異等であっても特定の要件を満たす場合には,回収可能性があるものとする。
分類4	次のいずれかの要件を満たし,かつ,翌期に一時差異等加減算前課税所得が生じることが見込まれる。 (1) ここ数年で,重要な税務上の欠損金が生じている。 (2) ここ数年で,重要な税務上の欠損金の繰越期限切れとなった事実がある。 (3) 当期末において,重要な税務上の欠損金の繰越期限切れが見込まれる。	・翌期の一時差異等加減算前課税所得の見積額に基づいて,翌期の一時差異等のスケジューリングを行い,繰延税金資産を見積る場合,回収可能性があるものとする。 ・分類4に該当している場合でも特定の要件を満たす場合には,分類2に該当するものとして取り扱う。
分類5	下記(1)(2)を満たす。 (1) ここ数年で,重要な税務上の欠損金が生じている。 (2) 翌期においても重要な税務上の欠損金が生じることが見込まれる。	原則として,繰延税金資産の回収可能性はないものとする。

その呼称は問わない。」（繰延税金資産の回収可能性に関する適用指針7項）

いわゆる会社内におけるオーソライズと最善かつ合理的な見積りが求められているが、会社がこれらを満たした計画として、極めて楽観的な事業計画を策定するか合理的な事業計画を策定するかによって、計上される繰延税金資産の金額には開きが生じうる。

(2) 将来事業計画が税効果会計に与える影響

① 会社分類3，楽観的な事業計画の場合

税効果の回収可能性の判定は「将来事業計画」に基づいて行われるが、この将来事業計画は当然に会社が作成する。会社としてはこれを役員会等でオーソライズすることになるが、もしも赤字が今後も継続するような事業計画を描いた場合には、その役員はおそらく役員会で叱られるであろう。現実的な事業計画を策定する会社もあれば、努力目標的な右肩上がりの事業計画を最善の見積りの事業計画として役員会承認する会社もあるのが現実である。

しかし、仮に楽観的な事業計画のまま繰延税金資産の回収可能性判定がなされるとどうなるであろうか。図表12-5に数値例を示したとおり、後述する合理的な事業計画のケースと比べて多額の繰延税金資産を計上することが可能と

図表12-5 楽観的な事業計画による数値例

（単位：百万円）

	X1年度	X2年度	X3年度	X4年度	X5年度	X6年度	それ以降
税引前利益（＝課税所得とみなす）		△500	2,000	2,500	3,000	3,500	
賞与引当金	1,800	△1,800					
退職給付引当金	3,500	△300	△200	△300	△200	△300	△2,200
棚卸資産の評価減	2,000	△1,400	△400	△200			
建物減価償却超過額	3,900	△100	△100	△100	△100	△100	△3,400
一時差異加減算前課税所得		3,100	2,700	3,100	3,300	3,900	

一時差異等加減算前課税所得の合計からスケジューリングしたX1年度末の一時差異を差し引くと、X2年度からX6年度の5年間で16,100百万円－11,200百万円＝4,900百万円＞0となり、全額回収可能と判断される。その結果、長期分も含めて11,200百万円の一時差異×30％＝3,360百万円の繰延税金資産を計上することができる（X2年度以降の賞与は同額と仮定）。

なる。そのことはすなわち，当期純利益をその分だけ過大に計上してしまうことにつながる。

② 会社分類3，合理的な事業計画の場合

もしも，会社が合理的な水準の事業計画を策定した場合にはどのようになるであろうか。図表12-6の数値例のケースでは，楽観的な事業計画のケースと比較して510百万円の利益の差が生じてしまっている。

図表12-6 合理的な事業計画による数値例

(単位：百万円)

	X1年度	X2年度	X3年度	X4年度	X5年度	X6年度	それ以降
税引前利益（＝課税所得とみなす）		△500	1,000	1,200	1,200	1,000	
賞与引当金	1,800	△1,800					
退職給付引当金	3,500	△300	△200	△300	△200	△300	△2,200
棚卸資産の評価減	2,000	△1,400	△400	△200			
建物減価償却超過額	3,900	△100	△100	△100	△100	△100	△3,400
一時差異等加減算前課税所得		3,100	1,700	1,800	1,500	1,400	

一時差異等加減算前課税所得の合計からスケジューリングしたX1年度末の一時差異を差し引くと，X2年度からX6年度の5年間で9,500百万円－11,200百万円＝△1,700百万円＜0となり，（長期分も含めた11,200百万円の一時差異－回収不能分1,700百万円）×30％＝2,850百万円の繰延税金資産しか計上することができない。その結果，楽観的な事業計画よりも510百万円だけ当期純利益が減少する（X2年度以降の賞与は同額と仮定）。

このように，会社が楽観的な事業計画を策定してしまうと適正な財務報告が歪められてしまう可能性がある。元々税効果会計においては，一時差異等のスケジューリング（一時差異が将来のどの期間にいくら解消するか）の状況次第で繰延税金資産の計上金額が左右されるが，将来事業計画の内容によっても左右されてしまう。ゆえに，繰延税金資産の回収可能性判定は会社にとっても慎重な対応が必要な項目であるだけでなく，監査上も「会計上の見積りの監査」として重点監査項目とされることが多い。

(3) 将来事業計画に対する会計監査上の視点

図表12−5と図表12−6の利益計画の全体像となる将来事業計画の数値例を**図表12−7**に示している。

図表12−7 各将来事業計画の数値例

(単位：百万円)

(楽観的なケース)

	X2年度	X3年度	X4年度	X5年度	X6年度
売上高	50,000	60,000	65,000	70,000	75,000
売上原価	40,000	48,000	52,000	56,000	60,000
販管費	10,000	10,000	10,000	11,000	11,000
営業利益	0	2,000	3,000	3,000	4,000
営業外損益	△500	0	△500	0	△500
税引前利益	△500	2,000	2,500	3,000	3,500

(合理的なケース)

	X2年度	X3年度	X4年度	X5年度	X6年度
売上高	50,000	60,000	64,000	64,000	65,000
売上原価	40,000	48,000	51,300	51,300	52,000
販管費	10,000	10,500	11,000	11,000	11,500
営業利益	0	1,500	1,700	1,700	1,500
営業外損益	△500	△500	△500	△500	△500
税引前利益	△500	1,000	1,200	1,200	1,000

左側の楽観的なケースでは，翌期において50,000百万円の売上，0百万円の営業利益という計画であるのが，5年後には75,000百万円の売上，4,000百万円の営業利益という計画となっている。

確かに成長著しい業界やM&Aなどによって実際に拡大していく会社もあるが，会計監査上はこのような右肩上がりの計画の場合には，会社の主張を鵜呑みにせず，過去の趨勢，業界動向を示す外部データ，その他事業計画の策定にあたり会社が用いた裏付け資料等の監査証拠により念入りに突き合わせを行うことになる。

一般的に会社が将来事業計画を策定して会計監査人と議論を行うということは，子会社株式の評価減判定や固定資産の減損損失の認識・測定，そして税効果の回収可能性の判定など足元の状況が芳しくない時であるといえる。そのような環境下で将来の売上が拡大する，もしくは利益が黒字転換するためには一定の環境変化が見込まれていることが背景にある。したがって，そのことを裏付けるために定量的かつ客観性の高い監査証拠を入手して心証を得ていく。

とはいえ，将来の売上高や原価の発生状況を正確に測定することなど神の領域である。そのため，一定の仮定や見積りの下で将来事業計画は策定されてい

るのが通常であり，いわゆる会計上の見積りの監査が行われる。会計監査人が監査を行う拠り所の1つとして，日本公認会計士協会が公表している「監査基準委員会報告書」というものがある。これに従って，さまざまな監査手続が実施される。たとえば，バックテストである。仮に前期においても将来事業計画が策定されているとすれば，計画値と実績値の乖離状況を見る。ここで下方に乖離しているとすればその要因が当期の将来事業計画に織り込まれているかを確認する。また，特段の要因もなく会社が楽観的な事業計画を策定しているとすれば，会社の合理的な将来事業計画の作成能力に疑念があることとなり，直近月の売上の実績や受注状況をより細かく検証することなどが考えられる。

　検証はミクロの視点だけではない。固変分解や事業部別分解を行うなど俯瞰的な検討もなされる。特に図表12－7左側の事業計画においては，売上が5年間で1.5倍になっているのに対して販管費がほとんど横ばいになっている点に疑念がある。

　販管費は固定費的性格も有するが事業の拡大によって運送費が増加したり，管理部門の拡充がなされたり，賞与の支給月数が増加したりすることは十分に想定されるため，このような変化点が加味されているかを検討することが考えられる。

　視点を変えて全社ベースでは一見問題がないように見えても，事業部別に数値を確認すると，矛盾点が出てくる場合もある。たとえば，全社ベースでは売上が1.5倍になっていても事業部別に確認した時にどの事業部門も1.2倍ほどの増加しか見込んでいないとすると，明らかに矛盾してしまう。反対に特定の事業部門で業績が悪化していて固定資産の減損の兆候が見られる場合に，その事業部門の将来事業計画は回復基調となっている反面，全社ベースでは横ばいという場合にも疑念が残る。

　会計ビッグバン以降の多くの会計基準にて会社による見積りが必要となるものは多く，会計基準の中で合理的かつ最善の見積りを求める旨の記載も多いことから，一般的に各社は高いプレッシャーの下で各方面から多様な情報をかき集めて最善の見積りを行っている。また，会計監査人もリスク評価を行った上でリスク対応手続として将来事業計画の矛盾点や疑問点を1つずつ解消し，十分かつ適切な監査証拠を入手するための手続を実施していく。このように会社

も会計監査人も相当の時間をかけて、作成・検証を行っていくのは先に述べたとおり見積りの内容次第で最終的な財務諸表の内容が大きく変わってしまうからである。

(4) 会社分類が税効果会計に与える影響

最後に、会社分類の違いによって繰延税金資産の計上額にどのような影響があるか**図表12-8**の数値例を使って確認していく。

当然ながら会社分類の数字が少ない方が繰延税金資産はより多く回収可能と判断されるため、計上される繰延税金資産は増加し、それに伴って当期純利益も多く計上することが可能になる。

また、会社分類の変更時には法人税等調整額が大きく動き、当期純利益の金額が変動するため年度ごとの利益のバラつきを抑えるため、たとえば会社分類を3から2に変更できる状況であっても将来に業績が変動して3に戻ってしまうことを恐れて3のままに据え置こうとしてしまうこともある。不正に利益を増やすことを粉飾というが、不正に利益を少なくすることは逆粉飾と呼ばれる。過度に保守的な処理をして利益を少なくしてもいけないのである。

図表12-8 会社分類の違いによって計上可能な繰延税金資産の数値例

(単位:百万円)

	X1年度	X2年度	X3年度	X4年度	X5年度	X6年度	それ以降
税引前利益(=課税所得とみなす)		△500	1,000	1,200	1,200	1,000	
賞与引当金	1,800	△1,800					
退職給付引当金	3,500	△300	△200	△300	△200	△300	△2,200
棚卸資産の評価減	2,000	△1,400	△400	△200			
建物減価償却超過額	3,900	△100	△100	△100	△100	△100	△3,400
一時差異等加減算前課税所得		3,100	1,700	1,800	1,500	1,400	

	繰延税金資産	法人税等調整額
分類2	3,360	△3,360
分類3	2,850	△2,850
分類4	930	△930

分類4の場合には翌期に回収可能な金額のみの計上となる。

会社分類2と3では主に5年超でスケジューリングされる分が繰越税金資産の差異となる。ただし、上記数値例のように5年間でスケジューリングされない回収不能分が生じている場合には、その分が差異となる。一方、会社分類3と4では4年分の一時差異等加減算前課税所得でカバーされる分が繰延税金資産の差異となるため、通常は当期純利益に重要なインパクトが生じる。

実際に図表12-8の例では、会社分類2では3,360百万円、会社分類3では

2,850百万円の繰延税金資産の計上が可能になるが、会社分類4では930百万円の繰延税金資産しか計上できないという判定になる。このように会社分類によって利益水準が変わることになるため、会社分類の判定についても際どい判断が求められている。

　会計基準上の取扱いは前掲の図表12-4のとおりであるが、たとえば会社分類3と会社分類4との分かれ目となる要件の1つに重要な繰越欠損金の有無がある。この「重要な」というのがポイントとなる。重要ではない繰越欠損金であれば会社分類3となる可能性があるが、重要な繰越欠損金があれば会社分類3とはなり得ない。

　それでは、この「重要な」金額というのがいくらなのであろうか。会計基準上にはもちろん示されてはいない。会社によって事業規模が異なり、ある会社にとって100百万円は重要かもしれないが、ある会社にとっては軽微な金額かもしれないからである。

　そう考えると過去の平均的な利益水準の何年分を超えるものを「重要」と定義されているかというとそうでもない。あくまでも各社各様の事情を総合的に勘案して会社内で一定の方針を決めてそれに従って毎期継続的に運用していくことになる。

　したがって、重要性をどのように考えるかによって会社にとっては利益が大きく変動し、財務諸表の利用者への影響は大きいため、会計監査人としては慎重に検討を行い、会社責任者とも十分に議論を重ねるのである。その時に当然に会計基準の文言に従って判断をするものの、重要性など明確な判断基準がないものは、会計基準に書かれている結論の背景などから基準で記載されていることの趣旨に照らして議論が行われることが多い。「重要な」繰越欠損金が生じている会社の税効果を1年分しか見られないとしているのは、そのような会社では将来の課税所得の獲得状況の不確実性が高いことが背景になっていると考えられる。そのことを前提に、たとえばほとんど同じ事業規模のA社とB社である年度に同額の繰越欠損金が生じたとしてもA社では毎年安定した課税所得を計上して、1年だけ臨時的な要因で繰越欠損に至り、一方でB社では年度ごとの課税所得の発生金額に大きなバラつきがあり、ついに繰越欠損の発生に至ったというような場合では会社分類の判定が変わることも考えられる。

このように会計監査の現場では税効果会計に限らずさまざまな会計上の論点について，会計基準の趣旨を踏まえた会社責任者との議論が日常的に行われているのである。

6 おわりに

　「繰延税金資産」と漢字で記載するといかにも堅苦しい印象があるが，少しは馴染みが出てきたでしょうか。ちなみに，新聞等では「繰り延べ税金資産」と送り仮名付きで書かれることが多い。各新聞社における送り仮名のルールに従った対応なのであろうが，こちらの方がより繰り延べている印象が出ている。将来の収益性に基づき前払いとしての効果を有している税金額であることが頭に残っていただければ幸甚である。

●参考文献

　企業会計基準委員会．2015.企業会計基準適用指針第26号「繰延税金資産の回収可能性に関する適用指針」（最終改正2018年2月16日）．
　竹村純也．2016.『税効果会計における繰延税金資産の回収可能性の実務　全面改訂版』中央経済社．
　日本公認会計士協会．1999.監査委員会報告第66号「繰延税金資産の回収可能性の判断に関する監査上の取扱い」（2016年1月19日廃止）．
　日本公認会計士協会．2007.監査・保証実務委員会実務指針第81号「減価償却に関する当面の監査上の取扱い」（最終改正2012年2月14日）．
　日本公認会計士協会．2011.監査基準委員会報告書540「会計上の見積りの監査」（最終改正2015年5月29日）．

（神谷　真沙人）

<編者紹介>
日本公認会計士協会東海会

日本公認会計士協会東海会は，愛知・静岡・岐阜・三重の四県をエリアとする日本公認会計士協会の地域会であり，約2,400名の公認会計士が所属している。
本書は，名古屋大学で開講され，主に会計業務委員会のメンバーが講師として取り組んだ財務会計実務という講義の集大成である。

実務から学ぶ会計のトレンド

2019年3月30日　第1版第1刷発行

編　者	日本公認会計士協会東海会
発行者	山　本　　　継
発行所	㈱中央経済社
発売元	㈱中央経済グループパブリッシング

〒101-0051　東京都千代田区神田神保町1-31-2
　　　　　電　話　03（3293）3371　（編集代表）
　　　　　　　　　03（3293）3381　（営業代表）
　　　　　http://www.chuokeizai.co.jp/
　　　　　印刷／文唱堂印刷㈱
　　　　　製本／㈲井上製本所

©2019
Printed in Japan

※頁の「欠落」や「順序違い」などがありましたらお取り替えいたしますので発売元までご送付ください。（送料小社負担）

ISBN978-4-502-29601-7　C3034

JCOPY〈出版者著作権管理機構委託出版物〉本書を無断で複写複製（コピー）することは，著作権法上の例外を除き，禁じられています。本書をコピーされる場合は事前に出版者著作権管理機構（JCOPY）の許諾をうけてください。
　JCOPY〈http://www.jcopy.or.jp　eメール：info@jcopy.or.jp　電話：03-3513-6969〉

── ■おすすめします■ ──

学生・ビジネスマンに好評
■最新の会計諸法規を収録■

新版 会計法規集

中央経済社編

会計学の学習・受験や経理実務に役立つことを目的に，最新の会計諸法規と企業会計基準委員会等が公表した会計基準を完全収録した法規集です。

《主要内容》

会計諸基準編＝企業会計原則／外貨建取引等会計処理基準／連結CF計算書等作成基準／研究開発費等会計基準／税効果会計基準／減損会計基準／自己株式会計基準／1株当たり当期純利益会計基準／役員賞与会計基準／純資産会計基準／株主資本等変動計算書会計基準／事業分離等会計基準／ストック・オプション会計基準／棚卸資産会計基準／金融商品会計基準／関連当事者会計基準／四半期会計基準／リース会計基準／持分法会計基準／セグメント開示会計基準／資産除去債務会計基準／賃貸等不動産会計基準／企業結合会計基準／連結財務諸表会計基準／研究開発費等会計基準の一部改正／変更・誤謬の訂正会計基準／包括利益会計基準／退職給付会計基準／税効果会計基準の一部改正／収益認識基準／原価計算基準／監査基準／連続意見書　他

会 社 法 編＝会社法・施行令・施行規則／会社計算規則

金 商 法 編＝金融商品取引法・施行令／企業内容等開示府令／財務諸表等規則・ガイドライン／連結財務諸表規則・ガイドライン／四半期財務諸表等規則・ガイドライン／四半期連結財務諸表規則・ガイドライン　他

関 連 法 規 編＝税理士法／討議資料・財務会計の概念フレームワーク　他

■中央経済社■